JN047371

伸芽会式
非認知能力の伸ばし方

伸芽会・佐藤眞理

講談社

はじめに

未来を切り拓ける子になるカギは「非認知能力」

ある日、教室で描いたお母さんの絵をうれしそうに見せる年少のお子さんに、お迎えに来たお母さんが開口一番、こう言ったことがありました。

「あら、鼻がないじゃない！」

なんの気なしに、まったく悪気もなく、口からぽろりと出た素直な感想だったのかもしれません。でも、私たちからするとサーッと血の気が引くような、とてもショッキングなお声がけでした。

そのお子さんはもともとお絵描きが苦手で、あまり積極的に描こうとはしないところがありました。それでも教室では少しずつ自信をつけ、だんだん描くことが楽しくなっていたところだったのです。

もちろん、どんな親だって「うちの子ならもっとうまく描けるはず」と期待するものです。ただ、もしそこでお母さんが「わぁ、笑顔がとっても素敵！」「大きくのびのび描けたね！」「お洋服に色がたくさん使ってあってきれいね！」と、お声がけされていたとしたら。きっと、また絵を描いてお母さんを喜ばせようというお子さんの次の意欲につながったことでしょう。そこで、どのような言葉をかけてあげるかというのは、とても大事なことなのです。

普段、お子さんにはどんなお声がけをされていますか？　お父さんお母さんをはじめとしたまわりの大人たちが、いつもどんなふうに声をかけ、どのような意識を持って接しているかで、その子の個性や才能、能力はより磨かれていくこともあれば、逆に成長を止めてしまうこともあります。

これからの時代、ＡＩ（人工知能）によって仕事がとってかわられ、いま以上に個々の人間力が問われるようになると言われています。では、そんな荒波も乗り越えて自分自身の力で生き抜いていくには、どんな力が備わっていたらよいのでしょうか。

そのカギとなるのが、今、幼児教育においても注目が集まっている**「非認知能力」**

と呼ばれる力です。実はこの力は、伸芽会が半世紀前の創設時より大事にしてきた**「教えない教育」**にも通じています。それは、教え込むのではなく、子どもの興味や関心を引き出し、自ら考えよう、やってみようという意欲をそだてることによって、子ども自身から自然とわき出てくる力を育てていこうとする教育法で、いわゆる「英才教育」的なものとは違っています。

知識や技能を教え込もうとすると「本当に分かったのかな？」「ちゃんと覚えているかな？」と気になってしまい、できた―できない、分かった―分かっていないと、評価してしまいます。それは言葉だけでなく、表情やしぐさとなって子どもに伝わります。この「評価」は、子どもの意欲や興味・関心、好奇心を確実にしぼませるのです。

「教え込む」のではなく、実際にやって体験することが第一であり、その体験の場で子どもたちは五感をフルに働かせて、自分から様々なことに気づき吸収していくのです。その**「体験」**は、幼児にとっては**「遊び」**であると言えます。**「遊び」**であるからこそ好奇心で目を輝かせ、興味いっぱいで取り組み、どうしてこうなるのか、もっと上手にやりたい、どうしたらいいかなと、まわりの子や大人も巻き込んで夢中になって活動します。この夢中になる中で培われている力、集中し、粘り強く頑張り、諦めないでまた挑戦し、一緒にやろうとお友達と楽しめる、このような力を伸芽会は、様々な課題に挑戦する場を設けて、子どもたちにしっかりと根づかせてきました。

最近メディアでも取り沙汰されるようになった**非認知能力**とは、IQ（知能指数）やテストなどの数値化できる「認知能力」と対比されるものです。たとえば社会で生きていくために欠かせない**「コミュニケーション力」**、他者の立場や思いに寄り添うことができる**「思いやり」**や**「共感力」**、また**「自分に自信を持ってプラスにしていける力」**や**「意欲」**、**「前向きにがんばれる力」**、多少気に入らないことがあっても独りよがりに爆発したりしない**「忍耐力」**などのことを言います。これらは、テストなどのように目に見える点数や数値ではははかることができません。だからこそ、各家庭で注意深く見守り、育ててあげる必要があるのです。

また、この力はただ「お勉強ができる子」になるための能力ではありません。将来のあらゆる困難に立ち向かい、挑戦していくことができる、**「未来を切り拓ける子」**

になるための力です。そしてそれは、結果的に知力を上げることにもつながっていきます。

伸芽会からは毎年、名門幼稚園・小学校の合格者を数多く送り出していますが、合格された一人ひとりのお子さんを見ると、その決め手となっているのは、知識の多さやお行儀のよさというよりも、それらすべてのベースとなっている非認知能力であるのを感じます。**何かキラリと光るものを持っているお子さんには、その個性とともに非認知能力がバランスよく身についている**のです。そして、その力は就学後もあらゆる場面で子どもたちの成長を助け、社会に出てからも大きな推進力となっています。

子どもにとって一番の手本となり、大きな影響を与えるのは、やはり親をはじめとしたまわりの大人たちです。その中でも特に、親の考え方、感じ方、ものの言い方、人への接し方は、子どもの人間形成に関わると言っても過言ではありません。子どもたちはこちらが思う以上に大人たちのことをよく見ているのです。お父さんお母さんの心がけ次第で、子どもの将来は変わります。お子さんの幸せな未来のために、伸芽会式のメソッドを参考にしていただければ幸いです。

CHAPTER 1

「子どもを伸ばす親」は幼児期をどうとらえている？ 013

Contents

CHAPTER 3

うちの子は、どんな子？　わが子に合った伸ばし方 079

Contents

CHAPTER 4

年齢別実践編　大切にしたいこと・伸ばしたい力

Contents

Contents

CHAPTER 1

「子どもを伸ばす親」は幼児期をどうとらえている？

のびのび育てたい親にこそ必要な「幼児教育」

「幼児教育」と聞くと、みなさんはどんなイメージがあるでしょうか。もしかすると、まだ小学生にもならない幼い子どもに、難しい勉強を厳しく教え込むような英才教育を思い浮かべるでしょうか。「うちの子はもっとのびのび育てたいから幼児教育は必要ない！」なんて、誤解をしている方もいるかもしれませんね。

実は、全く反対のものなのです。**真の幼児教育こそのびのびと、子どもたちが楽しみながら学んでいけるものである**と私たちは考えています。それは子どもたちの感性をより豊かにし、将来自分が思った道を進んでいく原動力にもなってくれるものです。

幼児教育は国語や算数といった教科に分かれるものではなく、もっと総合的に身につけていく人間力です。たとえば「味の好み」などの感覚的なものや価値観、いろいろなものに対する姿勢、そういった人格のベースのようなものは、この幼児期にどんな環境下にいたか、また親とどう接していたかによって形づくられるのです。

仲芽会の創始者である大堀秀夫が1977年（昭和52年）に出した最初の著書には『英才に勝て』というタイトルがついていました。戦後の高度成長期、日本では子どものIQを高めることを重視した詰め込み型の英才教育に注目が集まっていましたが、「教え込むやり方なんて間違っている。そのようにして生まれた英才に負けるわけがない！」と、大堀はその風潮に異を唱えたのです。**「子どもたちはみんなそれぞれに力を持っているのだから、体験させることでその力を伸ばすことができる」**という創始者の考え方は、今も受け継がれています。

「自分のことは自分でできる」というのは子どもが自立していく上でとても大切なステップですが、1歳児からでもその準備はできます。2歳になる頃には、たとえばお茶を飲むために自分のコップを用意してトレーに載せて運んだり、お出かけしたときに自分のリュックから必要なものを出して用意したり、きちんとしまって帰り支度をしたりすることも、ちゃんと示してあげればできるようになるのです。そうしたことも意識しなければ、親が何でもやってしまうことになります。多少時間がかかってもそれらをお子さんに挑戦させる機会になれば、それは立派な幼児教育になるのです。

今、見直されている「非認知能力」とは

お子さんの幼稚園受験や小学校受験を考えていらっしゃらない方は、「受験」そのものにも少し誤解があるかもしれませんね。テストでは確かに知的な認知能力が必要になりますが、多くの名門校はただ勉強だけができる子に入学してもらいたいわけではありません。その大前提として、やはり「非認知能力」が重視されているのです。

ある年、慶應義塾幼稚舎の入試ではこんな課題がありました。まず、子どもたちはチームに分かれます。そこで2人ずつ板を持って、ボールを載せて運んでいくチーム対抗リレーを行います。この課題では、一体何が見られているのでしょうか。

あまり急ぐとボールが転げ落ちてしまいますが、慎重にしすぎてもリレーには負けてしまいます。初めてやるのでうまくいかないのは当然です。そこで焦ってしまうのか、嫌気がさしてあきらめてしまうのか、少しくらいの失敗は乗り越えてがんばるのか、子どもたち同士でどんな話し合いを展開するのか、最終的に出す答えは……？

課題をこなすために、子どもたちは力を発揮します。あきらめずにやり抜く力、失敗を恐れず挑戦する力、他者とコミュニケーションをとって人間関係を調整する力、気づく力――そうした点数化できないものこそが、まさに非認知能力です。こうした力は伸芽会が創立時より実践する幼児教育で培ってきたもので、今に始まった話ではありません。しかし今、改めて注目が集まっているのは、2015年に中室牧子先生が出版された書籍『「学力」の経済学』（ディスカヴァー・トゥエンティワン）によるところも大きいでしょう。

教育経済学を専門とする中室先生はその著書で、感情論ではなく、学術的な手法で教育の仕方やその効果を分析しています。そして多くのエビデンスから、子どもの人生を成功させるためには「非認知能力」が非常に重要であることを示しています。

特にこれからの時代は、**すぐにネットで調べられるような知識を持つよりも、いかに心が強く、思考力や判断力、表現力が身についているか**が勝負どころになります。そうした総合的な人間力こそが、非認知能力。中室先生はその代表例として、**「くじけない心」**や**「想像する力」「コミュニケーション力」「問題を見つけて解決する力」「行動する力」「やり抜く力」「我慢する力」**などを挙げています。

詰め込み型のIQは一時的にしか上がらない

小学校受験でも実は重視されている「非認知能力」ですが、これはテストで高い点数をとるためだけに対策するような、詰め込み型の勉強で得られるものではありません。普段の実生活の中でこそ身につけられる、**生きる力**とも言えるものです。

２０００年にノーベル経済学賞を受賞したシカゴ大学のジェームズ・ヘックマン教授らの研究では、この非認知能力に主眼をおいた幼児教育について、大変興味深い調査結果が報告されています。それは、就学前に幼児教育を受けた子どもたちの「その後」を調査するというものでした。

この研究は「ペリー幼稚園プログラム」の名で知られています。調査対象となったのは、低所得世帯のアフリカ系アメリカ人である3～4歳の子どもたち。プログラムとしては、平日午前中に2時間半ずつの幼児教育を30週間にわたって受けてもらい、週に一度の家庭訪問が行われました。そして、このプログラムを受けた幼児58人と、受けなかった幼児65人を、その後40年間にわたって追跡調査したのです。

その結果、幼児教育を受けた子どもたちは、何も受けていない子どもたちよりも高校まで卒業する割合が20％上がりました。それだけではなく、大人になったときの平均所得が２０００ドルを超える人の割合が約４倍になったのです。マイホームを持つ人の割合は約３倍となり、車の保有率も高く、貯金残高も多いという結果になりました。一方、生活保護受給率や犯罪率は、何も教育を受けなかった子どもたちのほうが高くなってしまったそうです。

さらに興味深いのは、この「幼児教育」の内容に関する考察です。調査では、「幼児を学習面で強化しても、**ＩＱの数値が高かったのはその後の短期間だけ**」で、**10歳頃には、その差がなくなっていた**という結果が出ています。幼児期に無理やり詰め込み型の教育をしても、少しの間だけＩＱが高まるだけで、そんなに効果的ではないのです。認知能力は、年齢に応じて伸びていくものであり、早くから詰め込むことには、あまり意味がないということがわかるのではないでしょうか。

年齢に合わせて適切な幼児教育を受けた幼児たちは、自ら意欲を持ち、誘惑に勝つ自制心や粘り強さなども身につけることができました。それは学生時代にも、大人になってからも社会の中で役立ち、学歴や年収の高さにつながったようです。そしてこの**非認知能力を最も効果的に伸ばすことができるのが、未就学の4、5歳頃まで**であるのではないかということも、ヘックマン教授は主張しています。

いろいろなものをスポンジのようにどんどん吸収できる**幼児期を大切にする幼児教育は、まさに子どもの将来に直結しているものであると**、私たち伸芽会も考えています。それはこれまで幼児教育の現場での経験の積み重ねの中で、日々実感してきたことですが、近年はこうした実験データやエビデンスを重視した研究が進められて、私たちが大事にしてきたものが裏付けられているようです。

半世紀以上前に行われた「マシュマロ実験」とは

2歳になる頃に訪れる「イヤイヤ期」。赤ちゃんだった子どもにだんだんと自我が芽生え、自分の好き嫌いなどがはっきりしてくる頃です。

自我の芽生えは、子どもが成長していく上では欠かせない過程です。しかしそこで子どもが欲求するままますべてを与えてしまえば、自分の思い通りにしないと気がすまないわがままな子に育ってしまうでしょう。子どもの言うことなので、中には叶えてあげられない無理難題を言って駄々をこねることもあります。自分の欲求を周囲の状況に応じて抑える**「自制心」**は、大切な非認知能力の一つでもあるのです。

子どもの自制心の研究は古くからありますが、1960年代にスタンフォード大学の心理学者、ウォルター・ミシェル教授が行った「マシュマロ実験」も有名でしょう。

その内容とは、子どもの前にマシュマロなどの大好きなお菓子を1つ用意して、こう伝えるというものです。「マシュマロを1つあげます。でも、私が部屋に戻ってくるまで食べるのを我慢できたら、もう1つあげるからね」。そして一度部屋を出て、15分後に戻ります。その結果、我慢できたのは全186人のうち、約3分の1。残り3分の2の子どもたちは食べてしまい、もう1つのマシュマロはもらえなかったといいます。そして、その2つ目のマシュマロがもらえた子どもたちを追跡調査したところ、大学進学の適性試験であるSAT（Scholastic Assessment Test）の点数が比較的高いことがわかりました。学業面でとても優秀な子が多かったのと同時に、肥満指数も低く、健康的だったそうです。

ただしその後、対象人数を増やして人種や家庭の経済状況といった背景も加味して実験し直したところ、まったく同じ結果は再現できず、マシュマロが我慢できない子にはもっと複雑な背景が影響しているのではないかという考察もなされています。

いずれにしても、**衝動的な自身の行動をコントロールする自制心を持つことが大切**であるのは間違いありません。自分のために多少の辛いことは我慢してがんばれたり、自分だけでなく相手も思いやりながらコミュニケーションがとれたりするのも、自制心があってこそ。子どもの幸せのためにも、意識して身につけさせたい力です。

全米一になった女子高生の母が大切にしたもの

全米で最も優秀な女子高生として、2017年に「全米最優秀女子高生」に選ばれたスカイさんを育てた母として知られるボーク重子さん。彼女も、子どもの非認知能力を育てていくことの重要性を、自身の著書の中で熱く語っています。

アメリカ人の夫との間に生まれたスカイさんは、アメリカで生まれ育ちました。そして、全米一の知性と才能、またリーダーシップを兼ね備えた女子高生を選出するコンクールで見事優勝を果たしたのです。彼女の優秀さには目を見張るものがありますが、その家庭教育が**学習面の強化よりも非認知能力を育てることに重きをおいていた**ことは注目に値するでしょう。

スカイさんは5歳から、アメリカのワシントンD.C.にある名門、ボーヴォワール校に通っています。この学校は教育方針として非認知能力の育成を掲げ、これからの社会で活躍できる人材を輩出することを目指していますが、実際に卒業生の多くは全米トップ20の大学に進学しています。

ボークさんはこの学校を実際に見学して、そうした独自の方針や考え方にとても感銘を受け、娘さんを学ばせることを決めたといいます。子どものことを思うお母さんがよくよく吟味してこの学校を選び、通わせたこともまた、全米一の女子高生を誕生させるまでの軌跡のひとつだったのかもしれません。

ボーヴォワール校は家庭教育も重視する学校でした。学びは学校でだけ行われるものではなく、家庭でも親が子どもの手本となることが奨励されたのです。**親は、子どもにとっては、最も身近で影響の大きいロールモデル**になります。ボークさんも娘さんのために改めてご自身を顧みて、非常に努力をされていたようです。

ボークさんは娘さんに対し、家庭でも意識的にさまざまなアプローチをされていました。詳細はボークさんの著書『「非認知能力」の育て方』（小学館）などをご覧いただければと思いますが、「母親に自信がなかったり、自分を見失っていたり、不幸であったりすれば、そうした姿勢は子どもにも伝染する」「自分のことを認められない親は、子どものありのままの姿も愛することができない」という信念から、**子どもの自**

己肯定感を高めるためには、まず親の自己肯定感を高めようと、自らもステップアップされていたのが印象的です。

最初は本当に何も経験がなく、美術館でハタキをかけるボランティアから地道にスタートしたというボークさん。それが最終的には、現代アートギャラリーのオーナーになりました。さらに今では、新たに「ライフコーチ」としても活躍されています。

そんなふうに生き生きと活躍するお母さんの笑顔は、子どもに安心感を与え、幸せな気持ちにし、その子の自己肯定感もはぐくみます。

本書の冒頭でもお絵描きの例を挙げましたが、特に小さい子はお母さんに笑顔になってもらうことが、何かに挑戦する原動力になっているのです。

子どもの「自己肯定感」は親が育てる

自分自身を肯定的に見ることができるかどうかという**「自己肯定感」**も、非認知能力の資質の一つです。日本人は、アメリカやイギリス、フランス、韓国などと比べて、この自己肯定感が著しく低い傾向があるという調査結果も出ています。

自己肯定感が高ければ、ありのままの自分を受け入れることができ、何ごとにも挑戦する意欲がわいてきます。それは幸せな人生の原動力ともなるでしょう。日本人には謙遜を美徳とする文化がありますが、何もそれを否定するものではありません。自分の実力以上におごり高ぶるような悪しき自尊心を持つことと、自分をポジティブに捉える自己肯定感は違います。前者はまわりの人にも嫌われてしまう独りよがりな性質がありますが、後者は周囲にもよい影響を与えていくプラスの側面があるからです。

自己肯定感には、**小さい頃にどのような扱いを受けたかということがとても大きく影響**しています。子どもが一番長い時間を過ごすのは各家庭ですから、お父さんお母さんがどう接していたかが重要なのです。簡単に言えば、**子どもが「親に愛されている」、また「大事にされている」と思えるかどうか**が要となってきます。

生まれたての頃は誰に抱っこされても大丈夫だったのが、自我が芽生えてだんだん人見知りするようになると、やはり一番は親になります。眠いときやお腹がすいたとき、体調が悪いときなどは、「パパじゃない、ママじゃなきゃ嫌だ！」となったりもしますが、**「誰かが受け止めてくれる」「きちんと自分を大事にしてくれる」と感じられれば、それが一つひとつその子の自己肯定感につながっていきます。**

中にはやたらに叱るお父さんお母さんがいますが、確かに子どもは叱られると強く印象に残ります。ただ、これからいろいろなものに接していくときには、その土台として安心できる場所もなければバランスがとれません。ときに叱る必要もありますが、一番はやはり**ほめて認めることが、健全な自己肯定感を養うためにも不可欠**です。

一方で、ものすごくほめるお母さんでも、その喜怒哀楽が激しすぎると、子どもは防御反応であまりしゃべらなくなることがあります。無表情な子どもには要注意。幼児期は精神的に安定した環境をつくってあげることが、何よりも大事なのです。

ＩＱよりも「ＥＱ」が評価される時代に

知能指数（Intelligence Quotient）を意味する「ＩＱ」は、ＩＱテストなどでもおなじみですが、**心の知能指数（Emotional Intelligence Quotient）**を表す**「ＥＱ」**はご存知でしょうか？　これは数値化できる知能だけでなく、人の行動を左右する情動もあわせて考えようとするもので、非認知能力にも通じる考え方ですが、実はすでに90年代には提唱され、教育の現場でも注目されてきました。

今でも学校では、判断のしやすさからどうしても点数重視のテストが主流ですが、企業の新人教育などではＩＱよりもＥＱを重視するところが増えているようです。知能が高く高学歴なのに、就職先の職場になじむことができず、その能力がいまいち発揮できないといった事例が少なくないからです。知能だけを見るＩＱよりも、社会性などが含まれたＥＱの高さのほうが重要だという認識が、世の中に浸透しています。

わが子の将来を考えたとき、学習面の勉強を徹底してＩＱを高めればそれでいいかと言えば、そうではないのです。**独り立ちして生きていける心の強さ**は、このＥＱにこそ表れます。社会に出てからの長い人生には、なくてはならない力なのです。

ハーバード大学のハワード・ガードナー教授も、ＩＱでその人を評価してしまうことに異を唱えた心理学者の一人です。ガードナー教授は、人の知能は決して単一のものではないというＭＩ（Multiple Intelligences　多重知性）理論を発表し、人が持つ知能はＩＱに関わる「言語的知性」や「論理・数学的知性」のほかにも、「空間的知性」「音楽的知性」「身体運動感覚的知性」「対人的知性」「内省的知性」などがあることを示しています。その人の価値はＩＱの高さだけで決まるのではなく、個性から発揮されるさまざまな才能からも見出されるべきなのです。

伸芽会では、５つの力**「見る力」「聞く力」「話す力」「考える力」「行う力」**をバランスよく総合的に育てていくことを基本に、自分自身で考える力を養うことや、あらゆる体験から学びを得ること、そこから自分なりの解決策を見出していくことを大事にしています。どれも教え込んで身につけるのではなく、子ども自身の興味を学びのきっかけにしているからこそ、それぞれの光る個性もはぐくまれていくのです。

スティーブ・ジョブズも身につけていた力

近年、世界的に注目が集まっている非認知能力。2015年にはOECD（経済協力開発機構）が、人のスキル（生産性があり、測定可能で成長もする個人の性質）を認知的スキルと非認知的スキルに整理してレポートし、ともに大切だと論じました。

ペンシルバニア大学の心理学者、アンジェラ・リー・ダックワース教授が、社会的に成功するためには才能や知能指数（IQ）、学歴よりも欠かせない要素であるとして、**「GRIT」**を提唱したのも話題に。「GRIT」はダックワース教授によれば、**G（Guts）は困難に挑む勇気、R（Resilience）は挫折からも立ち直る力、I（Initiative）は率先してとり組む力、T（Tenacity）はものごとに集中する力**も表していて、マイケル・ジョーダンやスティーブ・ジョブズも身につけていたものだと言われますが、これもまさに非認知能力でしょう。

また日本でも、国の教育政策に関する研究機関である国立教育政策研究所で、20

15〜2016年にかけてプロジェクト研究が行われ、東京大学教授の遠藤利彦先生が中心になって「非認知的（社会情緒的）能力の発達と科学的検討手法についての研究に関する報告書」としてまとめています。そこでは、非認知能力のことを**「社会情緒的コンピテンス」**と表しています。いわゆるコミュニケーション能力のことですが、もともとは「社会情緒的スキル」と呼ばれていました。「スキル」よりも、それぞれの子どもの特性で変わる適応能力という意味合いを強めた「コンピテンス」のほうが、イメージに合っていたのでしょう。

伸芽会では創設当初から**「幼児教育では詰め込み型は通用しない」**という考えのもと、名門校が求める**「発想力豊かな子ども」**を育てるカリキュラムや環境づくりに力を注いできましたが、その内容もこの非認知能力そのものでした。

そこでは、いろいろなアイディアやしかけ、テクニックで、個性を持つ子どもたち一人ひとりを伸ばす教師陣が大きな推進力となっていますが、半世紀以上にわたって、脈々と受け継ぎ、磨き上げてきた伸芽会の教育法が、これからの教育として今注目を集めているという非認知能力に通じているというと、少し不思議に思われるかもしれませんね。しかし、先述した「ＥＱ」もしかり、「ＧＲＩＴ」や「社会情緒的コンピテンス」もそうですが、呼び方は違えども、非認知能力はこれまでにもさまざまな場で重視されてきた能力なのです。ただ、それを獲得していくためには、人生の中でも最も吸収力のある幼児期の教育現場で実践する中から、成功例、失敗例をひもといて、これからも模索していかなければならないのではないかと思っています。

非認知能力は、「この子はキラリと光るものを持っている。ぜひうちに来てほしい」と名門小学校や企業が思う理想的な生徒像、活躍できる社員像を考えたときに、自ずと求められるものに通じています。学校も企業も、**ただＩＱが高い人より、将来が楽しみなほどの人間力を秘めていて、お互いを高めていけるような社会性を持った人の**ほうが、自分たちのコミュニティに入ってもらいたいものです。当然といえば当然のことでしょう。

伸芽会には託児や学童保育もありますが、そこではより長い時間を子どもたちと過ごすことになり、生活しながら身につけてもらいたいことを覚えてもらうしかけも随所にとり込みました。次章からはそうしたノウハウや家庭での実践法も、より詳しく解説していきたいと思います。

この章では、最後に非認知能力が光っていた卒業生たちをご紹介します。名門小学校に合格したお子さんと言うと、まるで世間とかけ離れたエリート集団のように思う方もいるかもしれませんが、最近は共働きのご両親も増えて、多くはごく一般的な家庭のお子さんです。もちろん学力も高いのですが、それ以上に、きっとその学力も押し上げる原動力となったであろう、非認知能力が光るお子さんたち。各ご家庭で大切にされた教育法についても触れていますので、ぜひロールモデルとしていただければと思います。

伸芽会渋谷教室に通っていたYさんのお母様は、「楽しみながらさまざまな体験をさせることで、子どもの内面を豊かにしたい」という考えをお持ちでした。Yさんも、「伸芽会で

「楽しみながら体験すること」を大切に

受験勉強をした、という記憶はありません。水泳教室や工作教室などの習い事に行くのと同じ感覚で楽しんで通っていました」とふり返ります。

Yさんが伸芽会で特に好きだったというのが、「記憶の課題」です。「2色のパズルを30秒ほど見て覚え、崩してから同じものをつくったり、碁石の並び順を覚えたり、記憶についての課題をゲーム感覚でやるのが好きでしたね。できなかったときは本当に悔しくて、『もっと上手にできるようになるにはどうすればいいか』といったことを真剣に考えたのを覚えています」と、当時の思い出を語ってくれました。

そしてYさんは見事、学習院初等科に合格。入学後はしつけや行儀面の指導が多かったそうですが、伸芽会でも「美しい姿勢で授業を受けること」「机からものを落とさないこと」などが決まりごとになっていたので、初等科ではクラスの見本となること

も多かったとか。また、規律を重んじるだけでなく、単に教科書を読み進めるのとは違う、みんなで議論をするような自由な授業も多く、とても刺激を受けたそうです。

その後は学習院大学まで進学し、卒業後はNTT東日本に入社されています。さらに、それから年月を経て……実はYさんの娘さんも伸芽会に通うことになり、学習院初等科に合格されました。

「先生方は『こうやったらできるでしょ』とは決しておっしゃいません。『なぜこうなったのかな』『どうやったらできるかな』とくり返し娘に考えさせる指導をしてくださいました。何より、娘自身も楽しんで通っていたのが印象的です」と、Yさん。与えられた課題に楽しんで取り組む姿勢がいろいろな力を伸ばしていくベースとなりました。

これから娘さんにどうなってほしいか伺うと、「私の親も『自分の力で考えることができる自立した人間になってほしい』と願ったそうですが、私も親として娘には自立した人間になってほしいと思います」とのこと。やはり非認知能力を大切にされているようです。娘さんの人生もまだまだこれから。将来が楽しみです。

1歳から伸芽会に通ったHさんは、「生まれたばかりのカタツムリを見せてもらって感動したり、クレヨンで描いたところだけ絵の具が弾くことに驚いたり。教室ではいつも、発見や驚きの連続でした」と当時をふり返ります。好奇心をかき立てられた記憶に残る授業が、Hさんの感受性を豊かにするきっかけになったのかもしれません。

いつも発見や驚きの連続だった教室

日本女子大学附属豊明幼稚園に入園し、学習院初等科へ進んだHさん。その後は順天堂大学医学部に合格。ご両親の専門でもある眼科のほか、整形外科、消化器外科、スポーツドクターも視野に入れ、学業に励んでいます。

学習院では無遅刻無欠席で皆勤賞。テニス部や水泳部でも輝かしい成績を残し、一緒に打ち込んだ仲間とは、大学に入ってからも一緒にサーフィンを楽しむ長いつき合いに。高等科1年生のときに肩を痛めて整形外科に通った経験から、ご両親への尊敬と憧れで志してきた医学の道に、また新たな視野が広がっています。

Kさんはもともとほかの教室に通っていましたが、志望校を断念するように言われてしまい、小学校受験目前の夏に伸芽会の門をたたきました。

明るく好奇心旺盛、挨拶がきちんとできる女の子で、見事、希望だった青山学院初等部に合格しました。

大好きなバレエやピアノと勉強を両立

お母様は、「伸芽会や先生との出会い、そして青山学院で過ごした12年間が娘の基盤をつくり、生きる力がはぐくまれたと思います。一つひとつのご縁が宝物です」と、お話しされていました。

のびのびした校風の青山学院で、Kさんは学業とともに、幼少期から続けていたバレエとピアノにも没頭。初等部6年生のときには伝統ある国際ピアノコンクールで金賞を獲得しました。そのチャレンジ精神と強い意志で、学業との両立を実現し、高等部卒業時には優秀な生徒として学内で表彰を受けるほどに。大学は医学部を目指すも不合格。しかしその後昭和大学の歯学部に進み、新たな夢に向かって奮闘しています。

雙葉小学校に合格したSさんには、こんな思い出が。「伸芽会ではいろいろな体験をするのが面白く、できなかったことができるようになると、とてもうれしかった記憶がありま

できないことがあるとうれしかった

す。お友だちとホットケーキを焼いたのも、楽しかったですね」。

また、お母様もさすがで、Sさんが課題をクリアできなくても悩んだりすることなく、「この子にできないことがあるとうれしいんです」と、にっこり。そうして母娘二人三脚で復習し、次の授業までにはきちんとできるようになっていたのです。どんなときもおふたりで前を向きながら、受験も楽しんでいらっしゃいました。

小学校からそのまま進んだ雙葉中学・高等学校では、陸上同好会と書道部に所属。ジャンプ力を生かした走り幅跳びが得意の種目だったといいます。卒業後は東京大学農学部農業・資源経済学専攻を経て、ゴールドマン・サックス証券に入社。学生時代から社会人生活まで、とても充実した日々を送っています。

お母様によれば、Rさんは「積極的なタイプではなく、どちらかというと大人しい男の子だった」とのことでした。一方で、辛抱強く負けず嫌いな一面も。伸芽会でも細かい作業にさじを投げたりせずに真剣にとり組んでいました。

中学校で全国制覇、大学まで野球一筋

寡黙でありながら、胸の内には秘めた熱さを持っていたRさんは、慶應義塾幼稚舎に合格しました。幼稚舎3年生のときには二重跳びで401回という学内の歴代新記録を樹立。野球を始めたのもちょうどその頃です。慶應義塾普通部では所属していた地域のクラブチームでリトルシニアリーグを全国制覇。慶應義塾高等学校でも野球部に入り、最後の夏は甲子園出場こそ叶わなかったものの、キャプテンとしてチームを率いました。

その後、慶應義塾大学法学部でも野球部へ。3年の夏には選手を引退し、「社会に出てまだ何がやりたいかわからないけど、それを見つけるためにも立場を変えて視野を広げてみたい」と、コーチスタッフとしてチームを支える道を選んだそうです。

CHAPTER 2

伸芽会式「非認知能力」の伸ばし方

「遊び」は子どもにとって学びの宝庫

子どもたちにとって、生活の中心は遊ぶことです。脳科学の分野でも、幼児期に十分遊ばずに早くから知育に偏った詰め込み型教育をしてしまうと、その学習効果よりマイナス面のほうが多く出るという研究結果が報告されています。課題をこなす認知能力も遊びから学ぶことが多いのですが、特に非認知能力は社会性にも通じますから、お友だちと楽しく遊ぶやりとりの中でこそ身につけられるところがあります。

伸芽会が当初より大切にしている**「教えない教育」**も、詰込み型とはまったく異なる考え方から生まれました。子どもが自ら興味を持ってとり組み、新しい発見に出会えるよう導くものです。そのためには、まず**楽しいことや興味を引くものに触れさせ、好奇心を刺激するところから始める**必要があります。

幼児にとっては、いろんな色を使って描けるクレヨンも、引き出せばどんどん出てくるティッシュ箱も、興味がかき立てられれば何でも遊びの対象です。遊んでいる中で「あれ、どうしてだろう?」と思うことがあれば、その好奇心から自然と学んでいくことも多いでしょう。また、一人よりも誰かお友だちと遊んだり、何かを一緒にしたりするのが楽しいと感じれば、そこから他人との関わりにも興味がわいてきます。それが、共感力の芽生え。そこから育っていくコミュニケーション力は、社会への第一歩となる幼稚園や小学校での集団生活にも欠かせません。小学校受験でも行動観察の課題などでは、コミュニケーション力が身についているかどうかが見られています。

伸芽会では、コミュニケーション力を意識的に段階を追ってはぐくんでいます。まずは、「ふたり」の関係をきちんと成立させるところから。同年代の子どもに興味を示して関わり始めるのは2~3歳頃ですが、ほかの子が持っているおもちゃを使いたそうにしていたら、「貸して、と言ってみたら?」「一緒に遊ぼうって、お話ししてみる?」と、ヒントになる声かけをします。こうした**人とのつながりをスムーズにする言葉も、子どもたちは遊びの中で身につけていく**のです。言葉のキャッチボールができる関係が、最初は2人、そこから3人、4人へと増えていけば、やがてさまざまな他人とわたり合える社会性を身につけることにもつながっていきます。

子どもを「評価」するほめ方は危険！

乳児からだんだんと自我が芽生え、ものすごいスピードでいろいろな情報を吸収していく幼児期は、人間形成のベースが築かれるとても大切な時期です。そこで子どもに投げかけられる言葉は、とても大きな力をもっています。

最近は、よく「マインドセット」（Mindset）と言われますが、いい意味でも悪い意味でも、人は心の持ち方一つで変わってしまうところがあります。幼児教育の中でも特に気をつけなければならないのは、断定的に評価してしまうことでしょう。子どもにとってとても大きな存在である親が「この子は絵が苦手なの」といったネガティブなことを言えば、せっかくの成長の芽を摘んでしまうことにもなりかねません。

そして、それは「この子はサッカーがうまい」「あなたは絵が上手だね」といったポジティブな言葉でも、その子の可能性をせばめる恐れがあるのです。それは、**「評価」をしているから**。評価されるとそれにとらわれてしまい、「次にできなかったらどうしよう」と潜在的な不安感にもつながってきます。

小さな頃はまだまだいろいろなことに興味を持つ時期。大好きなものを追究していくのも大きな力となりますが、「今はできなくても絶対にできるようになる！」というスタンスで、**一つに固執せずにどんどん新しいチャレンジをさせていきたいものです。**チャレンジする中で何かうまくできないことがあったときには、その**失敗を指摘するより、できるようになったことや前向きな姿勢をしっかり認めてあげましょう。**

伸芽会でも、「できた」「できない」と評価を下したり、「3点だね、5点とらないとダメだよ」と決めつけたりすることは、決してしません。「どうすればいいかな、一緒に考えてみよう」と投げかけています。そうすれば、その子はただ「ほめられた」「叱られた」ではないところで考えをめぐらせることになるからです。それは問題を深く理解することができる認知能力を育て、自分に自信を持つきっかけとなります。きちんとその努力を認めてあげることで、子どもの自己肯定感は高まるでしょう。「できる」「できない」と簡単に評価を下してしまうと、自尊心ばかり高くて自信がない子どもになりかねないので、どうか気をつけてください。

「ほめる」よりも「認める」ことが大事

最近は、「ほめて伸ばす」教育が主流です。子どもを叱るのとほめて伸ばすのではどちらがいいかと聞かれれば、それはもちろんほめるほうがいいでしょう。要所要所で叱ることも必要ですが、叱ってばかりでは子どもは伸びません。ただ、手放しに「ほめる」ということには、少し注意が必要です。かの有名なアドラー心理学でも、ほめることには怖い側面があると説いています。

「お手伝いをして、えらいね」というのはほめ言葉ですが、そう言われた子どもはどんな心理状態になるでしょうか。まず「お手伝いをする」＝「えらい」という図式になり、「ほめてもらえるようにお手伝いをしよう」という方向に、本来とは少し目的がずれてしまうのです。それが「お皿を並べてくれてとても助かったわ。ありがとう」という言葉に変わると、単純にほめるのとは違うことがわかると思います。こちらは「あなたがしてくれた行為で助けられた」と子どもの行動を認める言葉で、同じ目線から「ありがとう」と感謝の気持ちを伝えるものになっているのです。

この**「ほめる」ことと「認める」ことは、同じようで性質が違います**。認められることは、子どもの自信につながります。しかし、よい悪いの評価を下すようなほめ方は、人からほめてもらいたいという自尊心ばかりふくらませて、そこに自信が伴わないということも起きてしまいます。

子どもを認めて伸ばすには、まず**子どもたち自身のがんばりも必要**です。子どもたちは最初から何でもできるわけではないので、一つずつできるようになっていく過程があります。そこで必要になる**「失敗にめげない力」**も、**「やり抜く力」**も、非認知能力の一つ。そのチャレンジ精神、向上心も含め、はぐくんでいきたいものばかりです。

失敗はするものですが、そこでめげずに立ち向かうためには、お父さんお母さんの励ましがとても大きな力を発揮します。具体的な言葉がけについては本書の後半でまたご紹介しますが、子どもの芽を摘まずにやる気を引き出すための言葉がけは、日頃から意識しておくべきでしょう。そして子どもが何か新たな一歩を進めたときには、どんな小さなことも見逃さずにしっかり認めてあげてください。

答えを出すまでのプロセスが非認知能力を育てる

伸芽会には3つの教育理念があります。非認知能力をどのように育てていくかということとも非常に関係が深いので、ここで少しご紹介しておきましょう。

1つめの理念は**「創造力教育」**です。創造する力は、ただ事実や結果を覚えさせても生まれません。こちらから質問を投げかけるなかで、ときにはヒントを与えることで、子どもが自分で考え、行動する力を身につけ、はぐくめるものだと考えています。

2つめは**「体験力教育」**。単に見たり話を聞いたりするだけでなく、実際に体験することで学ぶのはとても大切であると考えています。まずは子ども自身に芽生えた好奇心・探求心を、五感を使って体験させ、その理解を確実なものとしていきます。実際に見て触れて感じることによって、より深くそのものを捉えることができるのです。

3つめは**「自助力教育」**。これは、自分でやってみようという意欲に加え、まわりの子どもたちを観察したり、多様な考えを聞いたりする中で、自分なりの解決策を見出す力を育成していこうというものです。教室で同年代の子どもたちが一緒に学ぶことにも大きな意味があるわけです。

伸芽会の教室では、こんな授業があります。先生が水槽を前にして、「どっちが浮いて、どっちが沈むと思う？」と大きな積み木と小さなクリップを見せます。「クリップは軽いから浮く！」「大きな積み木は重いから沈む！」と口々に反応する子どもたち。「本当にそうかな？」と実際にやってみると……積み木はプカプカ浮き、クリップが沈んでしまいました。子どもたちは「どうして？」と不思議そうです。

次に先生は本物の野菜や果物を入れて見せます。ジャガイモとニンジンが沈み、キュウリとナスが浮くことがわかりました。すると「土の中でできるものは沈んで、上にできるものは浮くんじゃない？」という発言。それを聞いた先生は、「すごいことを考えたね。じゃあダイコンを入れたらどうなる？」と、さらに考察を深めていきます。

そこには、ただ正しい知識を教えられることでは得られない考察の過程があります。体験の中で疑問を持ち、自分なりに試行錯誤しながら導き出した答えは、ただ教えられる何倍もの価値があるでしょう。それは非認知能力にもつながる学びです。

幼児期に身につけておきたい「5つの力」

小学校受験は、ペーパーテストだけではありません。子どもたちに課題を与えてその行動を見る行動観察や親子面接も行われる中で、**「見る力」「聞く力」「話す力」「考える力」「行う力」のバランスも重要**になります。この5つの力は、これから小学校や中学校で学ぶときも、社会へ出ていくときにも、大事な土台となる認知能力です。

教室では5つの力を子どもの発達段階にあわせてはぐくんでいます。年齢の目安で言えば、**0歳から1歳にかけてはまず「見る力」が養われていく**とき。目に見えるものに興味を持って、目で追うようになっていく時期です。家庭でもぜひいろいろなものを見せて、感受性をはぐくんでいただければと思います。ただしそこでは、自分が見たいものを見るだけでは足りません。こちらが「ここに注目してね」と見せるものも、集中して見ることができるようになれば理想的です。

その「集中する力」は、非認知能力の一つです。認知能力を支えているのが非認知能力だということがわかるのではないでしょうか。1歳からしっかり見る力を養っていくことで、集中力も身についていきます。

さらに**2歳くらいになると、言われたことを理解して「聞く力」が大きく育ってきます**。教室では、人のお話がきちんと聞けるようになるために、教師側も子どもたちに興味を抱かせるさまざまな工夫をしています。見る力も聞く力も、まずは興味を引くところから始めて、一緒に楽しみながら身につけていくようにしましょう。

聞く力、見る力がついてくれば、人とのコミュニケーションがとれるようになってきます。コミュニケーション力も非認知能力の一つですね。**3歳では「話す力」が伸びてくる**でしょう。そこから、**4歳では「考える力」を身につけることを意識し、5歳になる頃には「行う力」につなげていきます**。

自分で考えて、自分の意見を伝え、行動に移すためには、それだけの自信も必要になります。そうした自分を信じる力、健やかな自己肯定感を持つことも、非認知能力なのです。年齢ごとの成長の目安は第4章でも詳しくご紹介していますので、ぜひ参考にしていただきながら、この5つの力とともに非認知能力を育てていきましょう。

教室は、発見し、発表をして、達成する場

同年代の子どもたちと一緒に学ぶ伸芽会の教室で、子どもたちは日々発見をしています。幼児にとって「発見」とは、これまでにない、まったく新しいようなことではなく、自分で気づいたこと、「あっ、そうか！」という心の動きと言っていいでしょう。何かの**知識を教えられるのではなく、自分で発見することで、その驚きや喜びは強く印象に残り、密度の濃い学びとなっていく**のです。先生たちは子どもたちがより多くを発見できるように、さまざまな声かけをしてサポートします。

また、子どもたちにはいつも**一人ひとり発表する場を設ける**ようにしています。家庭では、いつも味方になってくれるお父さんやお母さん、きょうだいもいるかもしれません。しかしそこから一歩外へ出て、家族以外のほかの人の前で自分の意見を言うのは、これから社会に出るときにも避けては通れない道です。最初はとても勇気がいることで、小さな声しか出なかったりします。でも、どんな子も体験を積み重ねれば、

だんだん自信がついてきます。

自分で発見し、みんなの前で発表できれば、それは大きな**達成感**につながります。自分で何かを成し遂げたという達成感は、それぞれが小さなことでも、かけがえのないものとなります。こうして教室では、毎回認知能力を伸ばすための授業を行いながら、そのベースとなる非認知能力もはぐくんでいるのです。

たとえば年長さんになると、数についてこんな授業があります。子どもたちに配られるのは、白い長方形の紙。「長いほうを合わせて半分に折ってみましょう」「さらに半分に折ると、いくつに分かれるかな?」という先生の問いかけに、4つの部分に分かれることを確かめた子どもたち。「次は、短いほうも同じように半分にしましょう」「さらに半分に折ると、いくつになる?」と先生が聞くと、子どもたちは四角いマス目をどんどん数えていきます。今度は「16!」という答えが。

「なぜ16なのかな？　どうしてだろう？」と、さらに問う先生。ある子は「縦に4つずつ、横にも4つある！」と言います。「4つに分けたのをまた4つに分けたから、4つが4つずつできるということですね。本当かな？」と先生。みんなで一緒に確かめます。こうしていろいろな発見をしながらそれぞれが自分の考えを深め、みんなの前で発表をしていきます。最後に答えにたどり着くことができれば、その**達成感は確かな自信になっていく**のです。

　こうして気づいたり発見をしたり、考えをめぐらせていく機会は、日常生活の中でもたくさんあると思います。「お菓子を◯個ずつ△人のお友だちに配るには、いくつ必要かな？」という問題が出てきたときに、すぐにその答えを教えてしまうのではなく、親子でじっくり一緒に考え、身のまわりのものを使って実際にやってみる機会をつくってみてはいかがでしょうか。

「失敗なんて怖くない！」と思える子に

失敗しても、そこでポキッと心が折れたりせずに元に戻って、またやり直すことができるしなやかな力を**「レジリエンス」（Resilience）**と言います。そうしたレジリエンス力も数値で表せない非認知能力の一つ。いろいろな挑戦をする中でも、とても重要な力です。

お父さんお母さんの中には、少々心配症の方がいます。「この子には早すぎる」と、挑戦する前からとり上げてしまうのです。また、挑戦してだめだったときにお母さんの表情がサッと曇ったり、「できないから」ともう二度とそれに触らせなかったりするのも問題でしょう。子どもの自尊心は傷つき、自信も持てなくなってしまいます。

「うまくできないからダメだな」ではなく、むしろ、子どもがうまくできないことを一つ見つけられたことに喜びを感じてほしいくらいです。

失敗は学びの宝庫であり、成功のもと。大きくなってから初めて大失敗をすることになるより、今のうちに小さな失敗をたくさん乗り越えて力をつけていくほうが、賢明というものです。

子どもたちが失敗を恐れず前に進むためには、**「失敗しても大丈夫」と思える環境も必要**でしょう。そのベースは、お父さんお母さんがしっかり愛情をかけることで生まれる自己肯定感です。

失敗したときには、どうか次につながるきっかけとなる言葉がけをしてあげてください。「なんでちゃんとできないの?」「この前も言ったよね」と失敗を責める言葉がつい出てしまいがちですが、それを聞いた子どもは「失敗したらいけないんだ」「自分には力がないんだ」と感じるばかりで、「失敗しても大丈夫」とは思えません。挑戦しようとする力が、逆にそがれてしまうのです。

成功しても失敗しても、そこでは評価をしないのが鉄則。その子の能力や成果ではなく、**それまでの努力やがんばりをまずは認めることが大切**です。「今回はできなくて残念だったね。でもすごくがんばっていたから、もっと練習すれば絶対にできるよ!」「惜しかったね。工夫すれば、次はできるんじゃない?」と励ましてあげてください。

失敗してしょげてしまっているときには、ぜひ子どもの気持ちに寄り添って「一緒にもう一回やってみようよ」「どうしたらいいか考えてみよう」と声をかけてあげてください。

失敗を一つ乗り越えるたびに、子どもは力をつけていきます。

自分の言葉で話し、相手の話を聞く「対話」の力

自分のことを話し、相手の話を聞く**「対話」**がいかにできるかというのも、大切な非認知能力です。小学校受験でも、集団での行動を観察する中で、対話力やコミュニケーション力がきちんと育っているかどうかが見られます。みんなで何か一つのことをする課題では、意志の疎通なくしては話が進みません。「私はこうしたほうがいいと思う！」と元気よく言えるのもいいことですが、そこで相手の意見を聞こうとせずに自己主張しかできないようでは問題です。そうした子は、ほかの子がつくったものを認めてあげられなかったり、グループで一緒にできなかったりする傾向があります。

自分の意見を言うことは、人の意見を聞くこととセットになってはじめて意味をなします。これはいずれ社会へ出るときにも同じことが言えるでしょう。子どもの頃からこうした対話力を培っていくことは、将来的にも大変意義のあることです。

近年、学生時代はとても優秀で頭の回転が速く、仕事もできると思われているのに、

人とのコミュニケーションがうまくとれないことで職場になじめず、結果的にウツになって辞めてしまうような高学歴の社会人の存在が浮き彫りになってきました。こうした問題も、子ども時代からハード面の認知能力ばかりを重視し、ソフト面の非認知能力を育ててこなかったことが原因ではないかと言われています。

対話力の一番のベースとなるのは、子どもたちが多くの時間を過ごしている各家庭です。せっかく子どもが「今日、幼稚園でね……」と話しかけているのに、生返事で対応してしまったりしていませんか？　それでは対話力が育つきっかけを逃してしまいます。「そんな言い方じゃわからない」「こう話さなくちゃダメよ」と非難めいたことを言うのも、子どもが委縮して自分の意見を言えなくなる原因になります。

家庭で育てる対話力は、何も特別なものではありません。ただきちんと向き合って、話を落ち着いて聞いてあげれば、子どもは一生懸命話します。そこで「そんなことがあったんだ、面白いね」と言葉を返してあげれば、相手がどんなふうに答えてくれるかということに興味を持ち、自然と話を聞く力もついてくるでしょう。**人の話が聞けるようになれば、人がしたことを尊重することもできるようになる**はずです。

家庭で伸びる力、集団の中で伸びる力

最も感受性豊かな子どもの頃に、やさしい愛情を交換できる環境をつくってあげられるかどうかは、非認知能力を育てていく上でとても大事なことです。その役目はやはり各家庭が負うところが大きいでしょう。

家庭でお父さんお母さんとしっかりコミュニケーションを交わし、自分の思うことを素直に表情に出したり、言葉にして言えるような環境に身を置いている子は、家庭の外へ出ても自信を持ってその力が発揮できるようになっていきます。いずれ社会へ巣立っていく子どもたちを応援するためにも、ぜひ心がけてほしい**環境づくり**です。

伸芽会は保育園や幼稚園の経験がない1歳児のクラスからありますが、そこはまさに社会への第一歩。年齢に応じた生活習慣を身につけながら、**集団活動での約束ごとを学んでいきます**。いつも味方になってくれるお父さんお母さんではなく、自分には想像もつかないほどいろいろな意見を持っている同年代の子どもたちと一緒に学ぶことで、得られるものもたくさんあります。

基本的な生活習慣が身についているかどうかは、小学校受験でも大切なことです。まずは各家庭で、お父さんお母さんがお手本となれているかどうかが重要なのですが、お子さんを預かる伸芽'Sクラブではどんな学び方をしているかご紹介しましょう。

まずは、自分のことは自分でできるようにするのが基本です。2〜3歳になれば、伸芽'Sクラブへ来たら自分で靴をしまい、カバンから着替えの服を出して自分で着替えます。年少組からは、給食のときのお茶やお箸も自分で用意します。自分の名前が書かれたコップを所定の場所から持ってきて、自分でお茶を注ぐのです。食べ終わったら自分で給食の容器を片付け、自分のコップやエプロンを元の場所にしまいます。

先生は給食の時間でも、食べ方や姿勢など、生活習慣で気をつけたいことは「こうすると上手にできるよ」と、その場で声をかけるようにしています。できないからと言って助けてくれるお母さんはそこにはいませんから、最初は手助けをしますが、まわりのお友だちができるようになれば、自分もがんばろうという思いも生まれ、習慣にすることでだんだんとできるようになっていくのです。

子どもは独自の個性をもった「一人の人間」

東京大学薬学部教授で脳研究者である池谷裕二《いけがやゆうじ》先生によれば、今は親が子どもを育てるのが社会通念となっているものの、人類が定住生活をする前の時代では、母親が子どもを産んだあとは周囲の子どもたちがその世話をしていたのだそうです。「親の言うことは聞かないのに、友だちの言うことは聞く」というよくある現象は、人間としてごく自然なことなのだとか。教室で同世代の子どもたちとお互いを意識しながら一緒に学べる環境は、理にかなっているのです。

子どもたちも一人の人間。親の思う通りには育っていきません。行く道をすべて親が決めようとすれば、子ども自身の力もつきませんし、英才教育でＩＱが一時的によくなったとしても、点数に表れない非認知能力が育たなければ、将来的にツケがまわってきます。でも、子どものことを一人の人間として向き合うことができれば、親がむやみに手を出したりせずに、子ども自身の力でできるようになるのを忍耐強く見守っていくことができるはずです。あとは**愛情を持って、認めるべきところを認めてあげること**。それだけで、子どもたちは自らの力で成長していきます。

非認知能力の要素はいろいろ挙げられますが、伸芽会では指導の柱として3つに重点をおいています。それは、①**気づく力**（好奇心、感動、探求心）、②**やり抜く力**（情動のコントロール、やる気、忍耐力、自信や自尊心）、そして③**他とつながる力**（社会性、協調性、コミュニケーション）です。子どもたちの非認知能力を育てていきたいと考えるなら、ただ上から教えるのではなく、時間がかかっても自分自身で気づけるようにサポートし、その発見を一緒に喜んであげてください。失敗した子どもには、叱るよりも励まして、「やり抜くことができた」という体験としてあげてください。

そして**日々心を込めて子どもと目を見ながら対話をし、受け入れてもらっている安心感を持たせた上で、家庭の外でも積極的に人と接する機会をつくってあげてほしい**と思います。現代は昔と違って核家族化しているので、意識しなければ違う世代と接する機会も少ないでしょう。小学校に上がるまでに、自信を持って人とコミュニケーションがとれる子になれるかどうかは、お父さんお母さんにかかっています。

「人の話が聞けない」のは、その体験が少ないから

初めて伸芽会へ見学に来られると、「こんなに小さな子が静かに先生のお話を聞けるの!?」と驚かれることがあります。ちょうどいろいろな幼稚園を見学していたというお母さんからは、「日頃目にしてきた子どもたちとあまりに違うので驚きました」という話もありました。実際に、まだ1〜2歳クラスであっても、整った環境の中で体験を積めば、小さな子もきちんと先生の話が聞けるようになります。

1歳や2歳の子がちゃんと並んでいすに座り、集中して先生の話に耳を傾けている姿を見たら、みなさんも不思議に思うでしょうか？　しかしそれは、何も無理やりいすに座らせて厳しく教え込んでいるわけではないのです。先生たちは常に根気よく見守りながら、いろいろな言葉がけをして子どもたちの興味を引き、人の話に集中させる体験を積ませています。この体験の積み重ねをなくして、落ち着いて人の話が聞ける子にすることはできません。

特に小さな子どもたちには、教室で何かをやってみようというとき、どうやって主体的にそこに関わらせるかということが大事になってきます。教室での課題は子どもたちにとって遊びの一環。その面白さを感じさせながら、何を言われているのかを聞き、子ども自身が自分でやってみる、動いてみるという機会を与えていきます。**体験を積み重ねていくうちに、自分の好きなことだけをするのではなく、言われたことがどういうことなのかを理解して行動するということがだんだんできてくる**のです。

そのとき大人が気をつけなければならないのは、きちんと顔を見てお話を聞くことや、自分で何をするのかをわかってとり組めるように子どもを見守りながらサポートすることです。「この子にはまだ早すぎる」といって最初から全部大人がやってしまうと、それだけ子どもは学びの機会を失うことになります。

逆に、やらせてできなかったときに嫌な顔をしたり、否定的なことを言ってしまったりするのも問題です。「まわりの子はできるのに、なんでうちの子だけできないの？」と焦ってしまうお父さんお母さんもいますが、その個人差を受け止めることも必要。ぜひ本人のやる気を起こすような対応を心がけていただければと思います。

小さな子どもにハサミを使わせる勇気も必要

私たちは子どもたちにできるだけ体験させることを重視していますが、実際の生活で起こるさまざまなことには、「やってみなければわからない」ことが多いので、いつ、どこまで体験させるべきなのかは、お父さんお母さんも悩みどころでしょう。

たとえば、危険だからと敬遠しがちなハサミも、伸芽会では先生がきちんと見守る中で2歳前から使い始めます。ハサミは危ないものであるということや、ケガをしないように注意するポイントをていねいに説明すれば、子どもたちもそれを理解し、目を輝かせて作業にとり組むのです。どこまでが危険か危険じゃないかも体験しなければわかりませんし、いろいろ試行錯誤する中でうまく切れるコツなどもわかってきます。ハサミに限らず、こうした**いろいろなことを体験している子と、そうでない子とでは、明らかな違いが出てきます。**

Let's Try!

ハサミを使ってジュースを作ろう

◆用意するもの……

- □ ハサミ
- □ 透明のプラスチックカップ
- □ ストロー
- □ 広告の紙（カラーのもの）
- □ ティッシュペーパー

伸芽会では、2歳前からハサミを使い始めます。まずは教師がマンツーマンでハサミをにぎって開く動きを一緒に繰り返します。もちろん最初は手を添えて、一緒に紙を切ってみるところから始めます。1歳から始めれば、少なくとも2歳半ば頃には一人でも使えるようになるでしょう。ぜひご家庭でも挑戦してみてください。

手順

1 広告の紙を1～1.5㎝の幅で細長く切っておきます。長さは10～12㎝で子どもが手で持った時に長く垂れさがらないようにしましょう。

2 ①で準備した紙を細かく切っていきます。机の前に座り、肘をつかないように後ろから手を持ってあげたり、月齢によっては最初にお手本を見せたりしながら、子どもにハサミを渡しましょう。ハサミの持ち方、受け渡し方も初めから正しく伝え、よく見てあげることが大切です。紙を持つ手の扱いにも注意を向け、1回ずつゆっくり切るようにサポートしましょう。

3 カップにティシュペーパーをふんわりと丸めて入れ、次に②で切った紙を入れ、ストローをさしてジュースのでき上がりです。「おいしそうね！」「お母さんと乾杯しましょう！」などと楽しく遊びましょう。

※広告の紙のかわりにキラキラした折り紙や色紙などにしたり、ティッシュペーパーをお花紙に変えたりしてもかわいらしく仕上がります。

夏休み明けに大きく成長する子とそうでない子の違い

毎年ひと夏を終えると、子どもたちは大きく成長します。この時期は、夏休みにいつもより少し遠出をしたり、家族旅行や里帰りをしたりと、普段はできないようなことが新鮮な場所でたくさん体験できるからです。

小学校受験を考えているからと、その体験を試験に出そうな課題に沿ったものにしないといけない、なんてことは一切ありません。どんな小さな初の体験もその子にとっては貴重な引き出しの一つとなりますし、子どもが夢中になるものに学びのない体験はないからです。自然豊かな場所まで足をのばせば、子どもたちは初めて見るものも多く、いろいろなものに目を奪われるはずです。そのときお子さんがどんなものに興味を示すかというのも、ぜひ注意深く見ておいてください。

特に3歳くらいまでは、そうした自然との触れ合いや、その中での体を動かす体験、また家族以外の人との接触などによって、成長に大きな差が出てきます。**同年代の子**

どもに個人差が出るというのは、もともとの能力の差というよりも、実はこうした体験の差のほうが大きかったりするのです。

どんな言葉をかけるかによっても変わります。まだ3歳の子に「これは○○というお花で、夏に咲くのよ」と説明しても、あまり意味のないことです。それよりも、「あれ、これは何かしら？」というところから入って、「ちょっと触ってみて」と五感で感じさせるほうが効果的でしょう。「やわらかい」とか「かたい」とか「すぐとれる」とか、いろいろなことを自分で直接体験してみることが大切なのです。

年長さんにもなれば、自分の体験したことが強く印象に残るようになります。年長さんの夏をどう過ごすかは、その後の秋の成長や、受験までにどこまで伸びるかにも関わってくるほど重要です。夏はキャンプに行くアウトドア派の家庭も多いですが、親が好きでなければ家で過ごすことが多くなります。そうすると自然や人との触れ合いも少なくなってしまうので、**子どもの世界をどう広げるか**ということを、ぜひ考えてあげてほしいと思います。**本人が楽しかったものほど記憶に残り、どう過ごすかによって子どもが大きく変わる夏**。伸芽会ではサマー合宿も開催しています。

＼＼お勉強は一切なし！／／

伸芽会のサマー合宿2泊3日を大公開

子どもたちにとって大事な夏、伸芽会ではサマー合宿を行っています。親元から離れる2泊3日、その間はプリントなどのお勉強は一切しません。スケジュールがびっしり詰まっていますが、子どもたちにとってはすべてが楽しい遊びなのです。親から離れた生活の中では、いろいろなことを学んでいきます。

◆生活の中での自立と自律◆

自分のことを自分でする生活面での自立、自分で考えて行動する精神面での自立、人と一緒に行動するために我慢する集団生活における自律を学びます。大人や友だちに認められることによって生まれる向上心や自尊心、人とうまくつながるための言葉の使い方や、上手に人と関わるための共感力、社交性も培われます。

◆挑戦する気持ち◆

初めてのことや多少の難しいこと、大変なことにもあきらめずに挑戦する気持ちを育てます。モチベーションを持続させるための言葉がけや励ましも大切にしています。

◆自制心◆

集団生活の中で子どもたちは、自己主張ばかりではなく、一歩引き、譲る気持ち、ほかの人に合わせることの大切さに気づきます。いろいろな相談の場をつくったり、我慢できない子にはハードルの低いところから我慢する機会を設けたりします。

◆自然の中での実体験◆

豊かな自然の中で、きれいな空気や空の色、星空、草の匂い、虫の大きさや草と同化する色味、池にいる生きものなど、普段は気づかないことに興味を持たせます。

◆発表◆

キャンプでは劇の発表などもしますが、そこではまわりのお友だちの動きを見ながら主体的に行動する必要があります。うまくいかなかったときの対処法もあるでしょう。個人の得手不得手、好きなことや集中できることを見つけるいいチャンスです。

充実した3日間を過ごして見違えるように成長したお子さんを見て、ご両親はみなさんとても驚かれます。たった3日間でそこまで変わる体験とはどのようなものなのか、ここである年の内容をピックアップしてご紹介しましょう。

「朝の集い」

3日間、毎朝行う集会では、みんなでラジオ体操をします。その一連の行動の中にも、円滑に団体行動ができるようになる学びがあります。

まずは「体操の隊形に広がる」ことから。最初に先生がお手本を見せます。前列中央の基準となる子を決めて、そこから体操ができる距離まで広がっていくというものです。先生の説明や動きをきちんと見て、まわりにぶつからないようにするにはどれくらいの距離をとればいいのかを自分で考えて移動します。

そして「ラジオ体操」は、指先まで伸びているか、ひざの曲げ伸ばしの仕方は合っているか、先生のお手本がきちんとまねできているかを意識します。体操が終わったら「整列」。広がるときに基準にした前列中央の子を中心にして素早く元の位置に戻ります。前後左右の友だちの位置も確認しながら行い、全体を意識して行動する力を養います。

「創作活動」

ある夏の創作活動のテーマは、合宿のあいだ自分たちを「応援してくれる生きもの」。子どもたちは班に分かれ、協力してそれぞれ1つのものをつくり上げます。

大小の段ボール箱、細長い段ボール紙、折り紙、色画用紙、新聞紙、紙テープ、紙皿、紙コップ、布と紙のガムテープ、ハサミ、スティックのり、セロハンテープなどが用意してあります。散歩の時にとってきた、葉っぱや枝、石ころなども使います。

まず、子どもたちで何をつくるか発想をふくらませて相談します。「生きもの」にはどんなものがいるかについても考えを出し合い、動物だけでなく、鳥や魚、虫もいることなどを確認。それぞれの生きものらしさや特徴はどんなところにあるかについて一人ひとりの発言を聞いて、みんなで共有します。

班で話し合ってつくるものが決まったら、その生きものの特徴を考えながらみんなで材料を選び、どうすれば思い描いた形になるのか、折る、切る、ちぎる、丸める、揉むなど、加工の仕方も話し合って決めていきます。その生きものについては形状から深く考察する機会となり、頭も手も全身を動かして段ボールで形をつくる楽しい体験となります。

「星空観賞」

1日目の夜は星空を観賞し、普段はそこまで意識しない星や月に思いを馳せ、自然の中でしかできない体験をします。

星を見る広場に到着したらレジャーシートを敷いて班ごとに座ります。そして、子どもたちが自ら静かにできるまで待ちます。真っ暗闇、幻想的な闇を体感し、「目を凝らす」「耳をすます」などの体験ができるように、おしゃべりなどはしないで、静かに宇宙のお話を聞きます。子どもたちが昼と夜の空や周辺の違いなどを意識して見たり、記憶に留めたりすることができるように、先生たちは静かに見守ります。

「大運動会」

2日目は朝から大運動会を開きます。子どもたちは、帽子と水筒を持って広場に集合。「3つのお約束」をします。

(1) 自分の出せる力を精いっぱい出して絶対にあきらめないこと。

(2) お友だちを力いっぱい応援すること。

(3) 約束を守って正々堂々と行うこと。

2つのコーンを時計回りと反時計回りに回って戻るチーム対抗の「台風の目

リレー」、新聞紙でつくったしっぽを腰につけ、途中で立っている先生にとられないようにゴールする「しっぽとりゲーム」などを行います。それぞれどんなルールなのかをまず先生が説明するのをよく聞いてから行い、お友だちの応援に精を出す中で、人の話に集中する力や思いやりの心もはぐくみます。最後に、応援も含めた各競技の勝敗結果を点数化して順位を決め、表彰します。

「発表会」

2日目の夜は、このサマー合宿のメインイベントでもある発表会「森のフルーツフェスティバル」を行います。これはそれぞれウサギやキツネといった動物のグループに分かれた子どもたちが、森の果物のお祭りにフルーツを持って集まり、歌と踊りの発表をするというストーリーになっています。

子どもたちはグループごとに1日目と2日目の空き時間を利用して振付を決めたり、工夫してお面やフルーツをつくったりします。グループで協力して一つのものをつくり上げる楽しさを知り、言語発表や身体表現をしながらお互いに認め合う体験を通して、自信をつけていきます。

終盤には「山の神」が登場。子どもたちに「この合宿中、お友だちと心を一つにできるようになったかな?」と語りかけ、「なった!」という子どもたちと一緒に「エイエイオー!」と元気よくかけ声を上げます。また、お友だちと心を一つにするための3つの気として、心も体も強くなる「元気」、自分もみんなも守れる強い気持ち「勇気」、あきらめないでやりきる「根気」をいつまでも忘れないようにとお話しして、「山の神」は去っていきます。

CHAPTER 3

うちの子は、どんな子？
わが子に合った伸ばし方

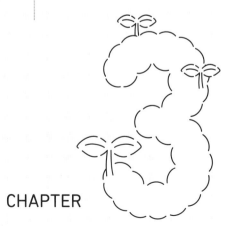

子どもにはどんな声かけが効果的？

子どもが自分自身の発見から効果的に学んでいくためには、こちらがどう声をかけるかがとても重要になってきます。伸芽会でも子どもたちの成長の機会をとらえ、折に触れて、お子さんへの声かけの仕方についてご両親にお話をしています。

よく「ほめて伸ばす」と言いますが、ただほめ言葉を並べればいいのかというと、まったく違います。子どもをほめてあげたいときこそ、その声のかけ方には気をつけなければなりません。「あなたは絵が上手ね」と声をかけるよりも、「きれいに色が塗れたね」「大きくてかっこいいね」などと**具体的な感動を伝える**ほうが、「次も自分で工夫して描いてみよう」といった子どものやる気を引き出すでしょう。前章のくり返しになりますが、ただ「上手」と評価されると、自分でも上手か下手かという評価を考えるようになり、歪んだ自尊心を育てかねないので注意が必要なのです。

冒頭で「鼻がないじゃない！」と思わず言ってしまったお母さんのお話をしました

が、お母さんの顔の絵に鼻がないのは、それに本人が気づいていないだけです。その間違いをただ指摘しても、やる気をそぐだけ。この場合は、「きれいに描いてくれてありがとう！　今度、このお鼻も描いてくれる？」と自分の鼻を指し示してもいいですし、「お母さんも描いてみるね！」と見本を描いて見せるのもいいと思います。

子どものやる気を引き出すにはコツがあります。**まずは子どもに寄り添い、どんなささいなことで「どうしてだろう？」と声をかけること。**そして、**子どもの力を信じ、どんなことでも自分でやろうと意欲を持って行ったことは認め、自信をつけてあげること**です。

さらに、子どもの想像力をふくらませるには、道端で花を見つけたときなどにも、ただ「きれいだね」というだけではなく、「赤い花びらがツヤツヤしていてきれいだね」「いい香りがするね、どこからだろう？」などと、色や感触など五感で感じられる形容詞や擬音語をつけて具体的に表現してみると効果的だと思います。

また、外よりも家庭でのほうが、**子どもが我慢する場面**は少ないもの。だからこそ、家庭で我慢が必要なことがあれば、それは大きな学びにつながります。そこで**どんな声かけをして子どもを納得させていくかということも大切**になってくるでしょう。

成長には必ず一人ひとり「個人差」がある

たとえば、泣いている2歳の子どもに、「泣かないで！」と頭ごなしに叱ってもあまり意味がありませんし、ただ「よしよし」となだめるだけでも成長はありません。転んだりぶつけたりして泣いた場合は、「痛かったね。大丈夫？」と、まず共感して声をかけてあげると、子どもは安心して次の行動にスムーズに移っていけます。

どのご家庭でも、知らず知らずのうちにお子さんに声かけをしていることや、やってしまっていることがあるのではないでしょうか。ただ、そこでどんな声かけをしているかを最初からきちんと意識できているお父さんお母さんは少ないと思います。ほんのちょっとしたニュアンスの違いでも子どもたちは大きな影響を受けることがあるので、非認知能力をしっかり育てていくためにも大事にしていきたいところでしょう。

ただしここで一つ、気をつけてほしいことがあります。それは、**「成長には個人差がある」**ということです。年齢などによってある程度の目安はありますが、同じ年齢でも生まれ月の違いがあり、成長の仕方や個性も違います。それぞれの**お子さんの性格によって、効果的な声かけと適切でない声かけがあります**。

性格分析を科学的に行う理論で有名なのが、「ビッグ・ファイブ」（Big-Five）です。これは「外向性（社交性）」「協調性（社会性）」「勤勉性（責任感・計画性）」「情緒安定性（精神的安定）」「開放性（チャレンジ力）」という5つの性格要素が、それぞれどれくらい高いか低いかでその人を判断するというものですが、ただし、これは性格のいい・悪いを判断するものではなく、あくまでも個人の特質を見るものです。お子さんについても、それぞれの性格の違いを理解すれば、どんな声かけをしていくのが最善かを考える判断材料にもなるでしょう。また、この性格は生涯変わらないものではなく、周囲からの影響で変わっていくこともあります。

この章では日々の生活の中でとり入れられる効果的な声かけ「7つの魔法の言葉」をご紹介していきます。また、後半では「子どものタイプ別性格診断」を掲載しました。こちらは、「ビッグ・ファイブ」を簡易的に判断するためによく使われる質問を、子ども用にアレンジしたものです。ぜひ参考にしてみてください。

7つの魔法の言葉 1

「あなたはどうしたい?」「あなたはどう思う?」

まだ1~2歳のうちは目の前のことしか考えられない子どもも、少し言葉を覚えてくると「これ何?」「どうして?」と聞くようになり、3歳ぐらいになると遊びにも「○○のつもり」という感覚が加わってきます。何か絵を描いている子に「何を描いているの?」と聞くと、そこで初めて自分で何を描こうかと思って、「うーんと……おかあさん!」と言って、目のようなものを描き足すこともあります。

言葉のかけ方次第で、子どもの想像力は広がり、やってみよう、挑戦してみようと、非認知能力が育ってきます。そこでぜひ日頃から意識したいのが、「あなたはどうしたい?」「どう思う?」と本人が自ら考えをふくらませていけるような言葉がけ。「空は青」のように、「これはこうでしょう」と決めつけたり、断定したりするのは、子どもの想像力を養う機会を逃してしまいかねません。子どもの意見に耳を傾け、「なるほど、じゃあこうなったら?」と**子ども自身の考えを深めていく**のが基本です。

第1章でご紹介した、全米最優秀女子高生の娘さんを持つボーク重子さんは、何が娘さんの成長に一番いい環境かを追求して、非認知能力を育てることを教育理念にした名門、ボーヴォワール校を選びました。実際に学校では、一方通行ではない親子の双方向的な対話がいかに重要であるかということが深く理解できたそうです。

またボークさんが家庭での教育で特に重視していたのは、**「安全な環境」を用意すること**と、**「パッション」**の2つだったといいます。「安全な環境」というのは、子どもが「自分はここに存在していいんだ」と思える環境のこと。つまり、自分が認められているということが感じられるような親の接し方が大切になります。「こうしなさい」ではなく「あなたはどうしたい?」と意見を聞くことも、その大切な一環です。

「パッション」というのは、子どもが心の底から笑顔を見せる瞬間のことだといいます。子どもが何に好奇心を抱き、夢中になれるかを親も理解し、それを応援してあげること。それは、子どもをのびのびと成長させるための秘訣とも言えるでしょう。

NGワード　「あなたは○○しなさい」「これは、こういうものだよ」

7つの魔法の言葉 2

「お話、よく聞いていたね」

「聞く力」は、「見る力」とともに、発達段階の土台ともなる力です。非認知能力の要である社会性を身につけていく上でも、不可欠な力でしょう。子どもが言われたことを理解し、それを自分の課題として行動できるようになるには、最初は大人からの働きかけも必要です。きちんと顔を見て話し、理解できたら「お話、よく聞いていたね」と認めてあげることも大事でしょう。**ただ聞いて理解できるようになることも、子どもにとっては大きな一歩**。誰でも最初からできることではないのです。

年長さんになってくると、仲芽会ではこんな授業があるので少しご紹介しましょう。まずはストーリー性のあるお話を聞かせます。たとえば『おんちのイゴール』（小峰書店）というお話。音痴な鳥のイゴールが歌の練習に奮闘する30ページほどの絵本ですが、絵は見せずに読み聞かせだけして、自分なりにイメージを広げさせます。

そして「今のお話を聞いてどんなイゴールを想像したかな？」と、主人公のイゴールを子どもたちに絵にしてもらうのです。「色や形がわからない」という子には、「あなたの思うイゴールを描けばいいのですよ」と伝えます。そのまま描いてもいいのですが、よりイマジネーションをふくらませるため、もうひと工夫。画用紙を半分に折り、真ん中より少し上にハサミで切り込みを入れ、その上下を三角に折り込んで開くとくちばしになります。そのまわりに顔や体をクレヨンで描き足していきます。

さらには「歌声」の表現にも挑戦。絵の右側には最初のイゴールの「下手な歌声」を、左側に「上手な歌声」を、自由に折り紙を切り貼りして表します。最初は困り顔の子どもたちも、「前につくったきれいな七夕飾りだったら、どっちの歌声みたいだろう?」「ぐちゃぐちゃに丸めたり、ギザギザに切ったりしたら?」「色はどうかな?」とヒントを出すことで活発な意見が出始め、それぞれのイゴールを完成させます。最後に一人ひとり発表。お友だちの力作にも刺激を受けます。そして最後に先生は、子どもたちの作品を一つひとつ見て、「よくお話を聞いていたね」と声をかけるのです。

NGワード

「よく聞いていないからわからないのよ」「聞いていないとダメよ」

7つの魔法の言葉 3

「すごくいいこと考えているね！みんなにも教えてあげてほしいな」

小学校受験では自己紹介や行動観察などで自己表現をすることが求められますが、それは実生活でも周囲とうまくコミュニケーションをとっていくために必要な力だと思います。もっとも、初めて家庭を離れたところで自己表現をするときには、苦手意識をもつ子が少なくありません。自己表現がうまくできるようになるには、自信をつける必要があります。その自信は、少しずつ体験を重ねることでつけられるものです。

6歳になってから伸芽会に通い始め、見事慶應義塾幼稚舎に合格したTくんも、最初はとても引っ込み思案な男の子でした。そこでTくんには、いつも教室での発表の時間に、Tくんが自信を持っているものに関して「みんな見たいと思っているから見せてあげてほしい」と声をかけ続け、発表の体験を重ねていきました。

みんなで何かするときにリーダー役をお願いする機会もつくりました。自分の声かけでみんなが動いたり、チームが成功したりする体験を重ねると、それも自信になっていきます。「Tくんの考えていることはすごくいいことだから、みんなに伝えないともったいないよ。教えてあげて」と、私たちも根気よく声をかけ続けました。

そしてTくんは、ご両親参観の日、「お父さんにしてほしいことは？」という質問に「タバコをやめてほしいです。どうしてかというと、そうしないと病気になってしまうからです」と、みんなの前で堂々と発表。お父さんを赤面させるに至りました。

「みんなにも教えてあげて」と声をかけると、やってみようと思う気持ちがわいてきます。「教えて」というキーワードは、いろいろ応用できるでしょう。教室で何か課題を行ったときなどにも、ご家庭で「どういう問題だったのか、お母さんにも教えて！」と、子どもに先生役をしてもらったりするのをおすすめしています。**子ども自身が「教える」立場になることで、相手に伝えるために自分で整理して考える一つのきっかけになる**からです。そこで「どんなふうに答えたの？」「へえ、そうなんだ。面白いね！」と一緒に楽しみながらとり組むことも、子どもの力になっていきます。

NGワード

「そんなのは人に見せられないよ」「あなたができないから教えられないのよ」

「これはお兄さん・お姉さんじゃないと、できないと思うんだけど……」

大人には簡単に思えることなのに、子どもが二の足を踏むことがあります。そんなときに意外と力になってくれるのが、「これはお兄さん・お姉さんじゃないと、できないと思うんだけど……」という言葉。あえて「これはできないよね」と言うと、負けず嫌いの男の子などは「できるよ！」と自ら飛びついてやったりするものです。

すぐに勇気が出なくても、子どもたちには「新しいことをやってみたい」という好奇心や挑戦したい気持ちがあります。そんなときに、「なんでできないの？」「もうできなきゃおかしいでしょ」といった否定的な言葉がけを頭ごなしにしてしまえば、それがますますプレッシャーになり、かえって意固地になってしまいます。それよりも、**少し背伸びをしてお兄さん・お姉さんになりたいと思っている、子ども心をくすぐる**ほうが効果的。そこで自ら挑戦できれば、それは確かな自信になっていきます。

NGワード
「みんなできているのに」「もうできるはずよ」

7つの魔法の言葉 5

「こんなことできる?」「一人でできるかな?」

非認知能力の一つでもある**「挑戦する力」**を育てることは、子どもたちがこれから社会に出て遭遇するあらゆることに、しっかり前向きにとり組んでいくための足がかりとなります。今は消極的な子も、声のかけ方次第でちゃんと得られる力です。

シンプルですが、「こんなことできる?」「一人でできるかな?」と問いかける声かけはとても有効です。「これをやりなさい」と言われて「できない」と即答してしまう子も、「できるかな?」と聞かれれば、思わず「できるよ!」と言ったりします。「できると言ったからには、ちょっとやってみようか」と前向きな気持ちになってくれればしめたもの。もしそこで失敗してしまったとしても、「がんばって挑戦できたね!」とその**挑戦を認めてあげる**ことも大切です。そして「次もまたがんばってみようか。そうしたらできるかもしれないよ!」と、一緒に前向きに考えてあげてください。

NGワード
「あなたにはまだ無理ね」「できないから、お母さんがやってあげるのよ」

「お母さんが子どものときには、こんなことはできなかったわ」

子どもの健やかな自己肯定感をはぐくむのも親の役目。なかなか自信が持てない子や、挑戦する気持ちになれない子には、「お母さんだって子どもの頃はできなかったんだよ」と伝えてみることも有効でしょう。多くの子どもはそこまで考えがおよんでいないですから、「そうか、今は何でもできるお母さんも、昔は自分と同じ子どもだったんだな」「自分もいつかできるようになるはずだ」と気づくきっかけになります。

自己肯定感の低い親では、子どもも不安定になってしまいますから、まずはお父さんお母さんも自分に自信が持てるようになることがとても大事です。でもそれは、「親は子どもに自分の弱みを一切見せてはいけない」ということではありません。むしろ**子どもと同じ目線で寄り添い、ときにはこうして弱みも見せながら共感する**ことが、大きな意味を持ってきます。

NGワード
「なんでできないの」「お母さんはできていたわよ」

7つの魔法の言葉 7

「やってみたくなったら言ってね」

脳科学者の池谷裕二先生が、ご自身の娘さんの成長過程を脳科学的につづった著書『パパは脳研究者 子どもを育てる脳科学』（クレヨンハウス）は、現場でも実感できる内容で大変興味深く、その中にこんなエピソードがありました。池谷先生は、子どもは早くから文字を読めたほうがいいと、絵本を使ったり、ひらがなを覚えるための工夫をしたりしますが、全然興味を示さなかったそうです。でも、その後1年以上経って娘さんは急に興味を持ち、そこから一気に覚えてしまったといいます。

伸芽会では最初に子ども自身が興味を持つような工夫をします。子どもは無理やりやらされるのが大嫌いなので、「やってみたくなったら言ってね」という言葉がけが効果的。ほかの子がやるのをながめるうちに、自然と「やる！」と言い出すこともあります。そうやって**自分で腰を上げることが、大きな力になる**のです。

NGワード
「みんなやっているから、やりなさい」

子どものタイプ別性格診断

性格を分析する「ビッグ・ファイブ」の診断でよく聞かれる10のチェック項目を、幼児向けにご紹介します。チェック1～10を、それぞれ5段階評価してみましょう。その数字をA～Eの計算式に当てはめてみたとき、答えとなる数が多いほど、そのタイプの傾向が強くなります。お子さんはどのタイプでしょうか？

ここでは、それぞれのタイプで起こりがちな育児の悩みと、その解決例もご紹介していきます。教室で実際にあったやりとりや、私たちが心がけたこと、どのように対処していったかなどについても詳しく書いていますので、ぜひ参考にしていただければと思います。

子どものタイプ別性格診断

5段階評価でチェック

5	4	3	2	1
当てはまる	やや当てはまる	どちらとも言えない	やや当てはまらない	当てはまらない

CHECK 1	初めて会う人とも楽しく会話ができる。	1 2 3 4 5
CHECK 2	誰とでも仲良くでき、相手の気持ちを思いやることができる。	1 2 3 4 5
CHECK 3	言われなくても、自分のことは自分で進んでする。	1 2 3 4 5
CHECK 4	不安になりやすく、心配性なところがある。	1 2 3 4 5
CHECK 5	好奇心が旺盛で、「なんで?」という探求心が強く、独創性がある。	1 2 3 4 5
CHECK 6	内向的で恥ずかしがり屋さん。	5 4 3 2 1
CHECK 7	思ったことをすぐ口にし、他人に流されることなく冷静に判断する。	5 4 3 2 1
CHECK 8	後先のことを考えずに行動する衝動的なところがある。	5 4 3 2 1
CHECK 9	いつも気分が安定していて落ち着いている。	5 4 3 2 1
CHECK 10	大胆な行動に出たり突飛なことをすることは少なく、わりと保守的。	5 4 3 2 1

A. CHECK 1 ［　］ + CHECK 6 ［　］ = ［　］ ▶ この数が高いお子さんは……「**外向性**(社交性)」が高いタイプ

B. CHECK 2 ［　］ + CHECK 7 ［　］ = ［　］ ▶ この数が高いお子さんは……「**協調性**(社会性)」が高いタイプ

C. CHECK 3 ［　］ + CHECK 8 ［　］ = ［　］ ▶ この数が高いお子さんは……「**勤勉性**(責任感・計画性)」が高いタイプ

D. CHECK 4 ［　］ + CHECK 9 ［　］ = ［　］ ▶ この数が高いお子さんは……「**情緒安定性**(精神的安定)」が低いタイプ

E. CHECK 5 ［　］ + CHECK 10 ［　］ = ［　］ ▶ この数が高いお子さんは……「**開放性**(チャレンジ力)」が高いタイプ

A〜Eのタイプ別傾向をチェック！

（A）の数が多い子……外向性（社交性）が高い

積極性や、社交的な明るさがあるのが特徴です。いろいろなものに興味を持つ傾向があり、人と関わることも好きなのが、コミュニケーションをとっていく上でも大きな強みとなります。その一方で、自己主張が強くなりすぎると相手の話や意見をしっかり聞けなくなる傾向もあるので、注意が必要です。

（B）の数が多い子……協調性（社会性）が高い

思いやりがあり、献身的な面があるのが特徴です。バランスをとりながら協調的な行動をとる傾向があり、相手の意見も聞ける高いコミュニケーション力は大きな強みとなりますが、やさしすぎると相手の言いなりになってしまうような側面も。

（C）の数が多い子……勤勉性（責任感・計画性）が高い

とても責任感があり、真面目で慎重なところがあります。言われたことや自分の役割には責任を持って粘り強くとり組める熱意もあります。自分を律することができますが、細かいことを気にしすぎて、うまくいかないことがあるかもしれません。

（D）の数が多い子……情緒安定性（精神的安定）が低い

行動力やコミュニケーション力は高い反面、ストレス耐性が低い傾向があるので、自分の感情をうまくコントロールできるよう学ぶことが大切です。情緒面に不安定なところがあっても、声かけなどで自信を与えて克服していくこともできるでしょう。

（E）の数が多い子……開放性（チャレンジ力）が高い

知的好奇心が旺盛で、感受性や発想力、創造力が高く、新しいことへのチャレンジ精神も持っているタイプです。一方で、言われた通りにものごとを進めるのが苦手なタイプもいます。興味を持てば強いですから、その好奇心を大事にしてあげましょう。

子育ての悩み CASE 1

「勤勉性（責任感・計画性）」が低い子に多い

「何でもやってもらいたがる」「言われないと動けない」

「自分のことは自分でできるようになってほしい」というのは、多くのお父さんお母さんが考えていることでしょう。伸芽会では1歳児でも、それを決まりごとにすることで、だんだん習慣として身につけることができています。

たとえば伸芽，Sクラブの1歳児ではリトミックを行う際、靴と靴下を脱ぎ、靴の中に靴下を入れていすの下にしまうという決まりごとがあります。決まりごとは全員の前でわかりやすい言葉で伝え、実演して見せながら、一人ひとりに声をかけたり、できていないときには補助したりしながら行います。**できているところは言葉にしてたくさんほめることで、さらに意識が高まり、自信を持ってできるようになっていきます。**

年齢が上がるとともに決まりごとも増やしていきます。2歳児のクラスでは、自分のリュックから食事で使うものが入っている巾着袋を出して、その中身を移します。コップは決められたトレーに載せ、エプロン、お口拭きもそれぞれ決められた場所に自分で置くことになっています。

実は下履入れや上履き入れ、ロッカーにも一人ひとりに違うマークのシールと名前を書いたシールが貼ってあります。お部屋に入ったら自分でリュックからとり出し、準備をすることになっているのです。おやつを食べたあとはすべて元の巾着袋にしまい、リュックに入れます。最初は毎回手順を説明しますが、「これでいいの？」と不安げに確認していた子も、１カ月もすればテキパキとできるようになってきます。

それから、手洗い場で手を洗ったら所定のペーパータオルできちんと拭いて、ゴミ箱に捨てるということを覚えます。それができたら、ハンカチをいつもポケットに入れておくという決まりを開始。ハンカチで手を拭くという機会も少しずつ増やしていきます。初めてハンカチを持った子どもたちは、ちょっとお兄さん・お姉さんになったような気分になるのか、どこか誇らしげです。食後の歯磨き習慣を開始する頃には、それぞれお気に入りの歯ブラシを持参して、喜んで歯みがきをする子も多くなります。

１～２歳からでも、これだけできるのです。ぜひ**ご家庭でも何か決まりごとをする習慣をとり入れてみてください**。

子育ての悩み CASE 2

「外向性（社交性）」が低い子に多い

「引っ込み思案で意思表示ができない」

年中さんになった4月に伸芽会に通い始めた頃は、質問をしても無言のまま首を振ることもできなかったYちゃん。その緊張が早くとけるように、私たちも積極的に声をかけましたが、課題の答えを聞いても無言の状態です。もしかすると、発言することや答えを間違えることが恥ずかしいのかもしれないと、「大きな声で言うのはドキドキするよね。でも、自分が考えたことを言ってごらん」と伝えました。すると、小さな声でしたが、Yちゃんが答えを言うことができ、クラスのみんなで喜びました。

それからも、発表のたびに「大丈夫だよ。よく言えたね」とやさしく伝え続けました。Yちゃんは、だんだん自信がついてきたようでした。少しずつ、自分の考えや、なぜそう思ったのか話せるようになってきたのです。

もともとYちゃんは発言するとき、頭の中で考えながら話すせいか、ゆっくりのときがありました。すると、ときどきほかの子が「早く言ってよ」と急かすこともあります。そこで、「ゆっくりでも大丈夫！」と、まずまわりの子に伝えました。たくさんの声かけとともに、Yちゃんが安心できるような環境づくりも心がけていったのです。

Aちゃんは年中さんの11月から伸芽会に通い始めましたが、家族以外の大人やお友だちと話すことにとても苦手意識があり、入室時には涙を流すことも少なくありませんでした。でも、先生の話を聞いて課題にとり組もうとする一生懸命さが見られたので、その課題ができるかできないかは別にして、**「しっかりお話が聞けたね」と、その姿勢を認める声かけをする**ように心がけました。また、改まった発言の場では構えすぎるところがあったので、みんなで遊んだり自由にお話しする時などに「それは面白いですね。みんなにも聞こえるようにもう一度言ってみて」と促して、発言の場を設け、その体験を積み重ねていったのです。お母さんにも、「今日はどんなことをするのかな？」と期待感を持って楽しく通うことを心がけてもらいました。

Yちゃんも Aちゃんも、自分の気持ちに寄り添う声かけをされたり、自分の行動が認められる体験を重ねたことが自信につながりました。引っ込み思案な子に、その消極性を責めても意味がありません。**まずは自信をつけるところから**始めてみてください。

子育ての悩み CASE 3

「協調性(社会性)」が低い子に多い

「自己中心的で他人を思いやれない」

たとえ家庭ではわがまま放題でよかったとしても、これから学校へ行くようになり、社会に出ていくときには、まわりの人にも気づかいができる子になっていなければ、苦労するのは本人です。他人を思いやれるということも大事な非認知能力でしょう。

手始めとしては、やはり家庭から。「お手伝い」をしてもらうことも、思いやりの心を養う第一歩です。たとえば洗濯ものをたたみながら、「大変だなぁ」と聞こえよがしに言ってみて、子どもが「お手伝いしたい!」と言ったら、ぜひ手伝ってもらってください。最初は遊びの一環ですが、そこには思いやりもちゃんとあるはずです。

子どもがするお手伝いは、かえって時間がかかったりしますが、そこは大きな心を持って見守りましょう。そして、「ありがとう。助かったよ」という言葉も忘れずに。**家でお手伝いをして感謝される体験は、まわりの人を気づかうきっかけになります。**

年中さんから年長さんになる頃には、自分だけの世界から徐々にまわりの子が見えてくる時期になります。ケンカになってしまうこともありますが、それも成長の証。一緒に遊ぶことができるようになっていくので、コミュニケーション力の成長が目覚ましいときでもあります。人に思いやりのある子になってほしいと思ったら、この時期には特に意識してその気持ちをはぐくんでいくべきでしょう。

他人の気持ちを理解する機会として、家庭でもすぐにとり入れられるのは**絵本の読み聞かせ**です。世の中にはいろいろな絵本がありますから、実際に体験できなくても、絵本の中でたくさんの人やものの気持ちに触れることができます。仲間に入れてもらえない子がいたら、「あなたがもしこの子だったら、どう思う?」と想像させるのも効果的。**相手に興味を持ち、相手の立場になって考え、共感する絶好の機会**です。

子どもが何かよくない行動をとったときに「ダメでしょう」と言っても、わからないときがあります。でも絵本で同じような行動をとる子を指して、「この子、これでいいのかな?」と言われれば、案外素直に受け入れられたりします。そこで、ただ「いけない子だね」で終えてしまうのではなく、「なんでこんなことしちゃったんだろうね?」というところまで一緒に考えられれば、さらなる成長につながるでしょう。

子育ての悩み CASE 4

「開放性（チャレンジ力）」が低い子に多い

「自分が興味のあることしかやらない」

お父さんお母さんの中には、「早くひらがなを覚えさせたい」「英語も小さいうちに耳で覚えたほうがいいんじゃないか」と、どうしても「やらせたいこと」が先行しがちな方がいます。でも、**まずは興味を持たせる**ところから始める必要があります。

幼児期、特に大事にしたいのが、いわゆる「なぜなぜ期」。くり返し「なんで？」と聞かれると、忙しいお父さんお母さんは煩わしいこともあるかもしれませんね。でも、これは子どもがものごとに興味を持ち、成長するために欠かせないプロセスです。

疑問をないがしろにしないのはもちろん、すぐに正解を教えずに、子どもの好きなものに視点を変えることも一案です。「何でカメは遅いの？」と聞かれたら「車だったらカメはどんな車かな？」「どういうところだったら早く動けるかな？」など発想の転換を図ってみたらどうでしょう。カメを思い浮かべることで、**好きな生き物のことや好きな乗り物のことに会話を広げ、子どもの興味や想像力を伸ばしてあげましょう。**

興味を持つということは、とても大きな力になります。**興味があるからこそ、集中力も出て、がんばってとり組める**からです。もしお母さんに「勉強をさせたい」という目的があったとしても、それを無理やり教え込もうとするのは得策ではありません。子どもが何かに興味を持ったときに、そこから力を伸ばすということを考えてみてはどうでしょうか。それは、子どもが勉強嫌いにならないコツでもあります。

子どもが何に興味を持つかを見極めるのも重要です。それを見つけるには、日々の生活の中で何か話しかけられたり、何かしてほしいと言ってきたときに、できるだけその場で対応してあげること。手が離せないときには「ちょっと待ってね」と伝え、あとでしっかり聞いてあげるだけで、子どもの意識は大きく変わります。常にアンテナを張っておくことで、自ずと子どもの興味の対象がわかってくるでしょう。

たとえば電車や車が好きだったら、それぞれの色や形について話したり、数を数えたりする場面も出てくるはずです。その中で、観察力や思考力も育っていきます。遊びから学べることはいくらでもあります。**うまくできないことがあっても、それを指摘するのではなく、できたことを認めて伸ばしていく**ことを考えてください。

子育ての悩み CASE 5

「情緒安定性（精神的安定）」が低い子に多い

「すぐに泣いてしまう」

自分の気持ちをうまくコントロールできないところがある3歳のRくん。自分が思っていることとは違うできごとが起きたり、初めてのことに直面したりすると固まってしまい、クラスの集団からもすぐに外れてしまいます。ほかのクラスの子たちと一緒にいつもと違う部屋でリトミックをするだけで、泣いてしまうような状態でした。

そこでRくんには、**いつも事前に何をするのか、そしてどうなるのかなどをちゃんとお話をしてから始める**ようにしました。また、お当番でみんなにお茶を配ったり、みんなの前に立って発表する機会を増やしていったのです。

Rくんはだんだんと、**まわりが楽しそうにしていることに興味が向く**ようになりました。お当番をやりたいからがんばろうという気持ちも持てるようになり、すぐに泣くことがなくなっていきました。いろいろな体験を積んだことで、いつもと違った雰囲気や緊張感も「特別感」として楽しむことができるようになったようです。

子育ての悩み CASE 6

「協調性（社会性）」「情緒安定性（精神的安定）」が低い子に多い

「すぐに怒る」

2歳になりたての頃のMくんは、自分が使いたいおもちゃを誰かが使っていてやりたい遊びができなかったりすると、すぐに手が出たり、かみついたりしてしまうことがありました。思い通りにならないと、すぐに怒りが爆発してしまうのです。

でも、ちょうど言葉も出始めてきた頃で、お話は上手でした。そこで私たちはMくんに、「貸してくれるかどうかちゃんと聞いてみよう」と、**言葉で気持ちを表現すること**をやって見せながら伝えるようにしました。すると、本人なりに、相手にきちんと言おうとするようになり、行動よりも先に言葉が出て、気持ちの切り替えが上手になっていったのです。**その場で落ち着かないときには場所を変えて、2人になって気持ちを聞きとる**ようにすると、「自分は今こうしたい」という**気持ちの整理**もつくように。手を出しそうになるのがこらえられたときには、「よく我慢できたね」と言うと、ぱっと表情がやわらぎ、次の活動に集中して参加できるようになりました。

子育ての悩み CASE 7

「じっとしていられない」「人の話が聞けない」

「外向性（社交性）」が高く「勤勉性（責任感・計画性）」が低い子に多い

1歳のOくんは、クラスで課題をやるときなども、自分の気になることがあると立ち歩いてしまったり、いすをガタガタさせたり、隣に座っている子のものに手を出したりすることが多く見られました。まだ早いと思うかもしれませんが、1歳でも、必要があるときには静かにして、きちんと人の話を聞くことができるものです。

そこで、Oくんには、まず興味や関心を持ってもらえるように一番端の席に座ってもらい、いつも一番に名前を呼ぶことから始めました。すると自分が最初に呼んでもらえることに気づき、座って待つようになりました。そのうち一番に呼ばれなくても落ち着いて待てるようになり、「いつ呼んでくれるの？」という目で先生とアイコンタクトがとれるまでになったのです。まわりにいるほかの先生が「もうすぐお名前呼ばれますよ」と声をかけたのも効いたと思います。**自分を気にとめている、認めてくれているということが伝わり、自然と集中力が身につく**結果となりました。

子育ての悩み CASE 8

「開放性（チャレンジ力）」が低い子に多い

「苦手なことに挑戦できない」

お絵描きは、自由に描きたいものを描くのが基本ですが、中には苦手意識を持つ子もいます。Hくんも、その一人でした。お絵描きの時間は、いつも「描けない」が口ぐせ。色の認識がまだはっきりしなかったこともあり、自信のない様子でした。

苦手な子には、最初は見本があってもいいと思います。Hくんも「見る」ことから始めました。見本の絵はどんな形か、どんな色か、細かい部分まで観察できるように、「丸いね」「濃い色と薄い色があるみたい」などと具体的に声をかけたのです。

クレヨンを持つ時間をできるだけ多くとり、「いい色だね」「よく見ているね」と認める言葉をたくさんかけました。やりたくないときは無理強いせず、自分から「やる！」と言うまで待ちます。そのうち、最初は手で隠して描くことがあったのがなくなり、小さく描いていたのも大きく描けるようになりました。自ら進んでやってみようと自信もついたよう。**声かけと体験の積み重ねによって、苦手は克服できる**のです。

子育ての悩み CASE 9

「外向性（社交性）」「協調性（社会性）」が低い子に多い

「人と何かするより自分だけで遊びたい」

最近は核家族化が進み、一人っ子も多いので、きょうだいの間で自然と身についていたコミュニケーション力も、意識してはぐくむ必要があると思います。親が自らお手本を見せてあげるのもいいでしょう。**お父さんやお母さんが他の人たちと仲よくしている姿や、協力して何かをしている姿勢を見せる**ことで、「仲よくすることは楽しいことだ」「協力すればできるんだな」と気づいていくはずです。お友だちと一緒に遊ぶ機会をたくさんつくってあげてください。

他人とやりとりする中では、ケンカになることもあります。でも、そこで他者と自分の違いを理解できれば、その体験の積み重ねで、だんだん人との違いも認められるようになっていくのです。伸芽会では、みんなで遊ぶときにあえて人数よりも少ない数の遊び道具しか用意しなかったりします。すると子どもたちは自然とみんなで楽しめるような道具の使い方を考えたり、順番を守ることを覚えたりするのです。

子育ての悩み CASE 10

「勤勉性（責任感・計画性）」が低い子に多い

「何ごとにも飽きやすく続かない」

幼児期に養われる集中力も、将来に関わる非認知能力の一つ。まずは好きなことに夢中になるところから集中力を養っていくことも大切ですが、最終的には何か課題を与えられたときに、そこに集中できるかどうかということが重要になってきます。

最初から難しいことに集中するのは大変ですし、本人のやる気もそいでしまうかもしれません。たとえば伸芽会では、**シンプルな作業を1分間に3回やる**ということをしたりします。シールをマスに貼っていく作業や、1mの紙テープの真ん中をハサミで切り分けていく作業、クリップをつなげていく作業などを、1分間だけ集中して行わせるのです。それを3回行い、できた数量の違いを見比べてみます。

そこで「どうして3回に差が出たんだろう？」と考えると、集中してとり組むことがその結果を左右するのだということが実感できます。「次はもっとたくさんやるぞ！」という目標を持つこともでき、さらに集中力がついていくのです。そして、**お手伝いなど決めたことを必ず行う**ことが、責任感や自尊心をはぐくみます。

子どもは「失敗」をたくさんして大きくなる

お父さんお母さんが心配に感じるさまざまな事例をご紹介してきましたが、最後に子どもの「失敗」についてどう考えるかという話をしたいと思います。

最近は、子どもを甘やかして独り立ちする力を弱めてしまう過保護だけでなく、子どものやることなすことにすぐ口出しをして親の思い通りにしようとする過干渉も、それ以上に問題視されています。過保護も過干渉も、一見「子どもに失敗をさせたくない」という親心のようですが、子どもにはむしろ有害なこともあるのです。

そうした親の過保護や過干渉の傾向が強くなっているせいか、子どもが失敗する機会は減ってきているように感じます。一人っ子も増え、親の目が一人の子どもに集中しやすいこともあり、いつも親が先まわりしてしまうのでしょう。子どもが何かをする前に手をつくしてしまい、失敗もできない状況がつくり出されているのです。

しかし、失敗は子どもの成長に欠かせません。**失敗をさせないことよりも、たとえ**

失敗しても立ち直れる、「レジリエンス」とも呼ばれるしなやかな心をはぐくむことのほうが大事なのです。大人になってから大失敗するよりも、小さいうちから大いに失敗をさせ、それを乗り越え、成功する体験をたくさんさせてほしいと思います。

失敗は、新しいことに挑戦しなければできません。大人には簡単なことでも、子どもにとって挑戦となるものは、家庭でもいろいろ見つけられるのではないでしょうか。たとえば小学校受験でもよく出る「ヒモ結び」や「ボタンかけ」。小さな子に靴のヒモを結ばせたり、洋服のボタンをとめさせたりするのは、たとえできても時間がかかり、煩わしいこともあるでしょう。ついつい、ヒモやボタンがないものを選んだり、親がやってあげたりして、さっさと支度を終わらせたいと思ってしまいがちです。

でも、その時間は貴重な学びの機会でもあるのです。毎日はなかなか時間がとれなくても、**週に何度かは意識的に子どもに挑戦させる機会を設ける**ことはできるはず。たとえ失敗続きで時間がかかっても、あきらめそうになっても、ぜひ「魔法の言葉」などを参考に、常に励まし、その努力を認め、子ども自身の気づきとなるヒントも与えることを意識しながら、自分の力で成功できるよう導いてあげてください。

Let's Try!

0歳からできる「お口にポイ」

用意するもの

- □ 穴を開けた段ボール箱(絵を描く)
- □ オレンジ・リンゴ・バナナなどの果物のおもちゃ(ビニールボールなどでも可)

たくさん失敗して学ぶためには、何かに挑戦しなければ始まりません。0歳からでも挑戦できるプログラムをご紹介しましょう。

しっかり手でものを持ち、狙った場所に手を動かして、指を広げてものを離す、この3ステップに挑戦します。

手順

1 穴を開けた段ボール箱に紙を貼り、絵を描きます。子どもたちは顔に興味を持ちやすいので、人の顔や動物の顔などがよいでしょう。穴の部分を口にします。

2 口がちょうど子どもの胸のあたりにくるように箱を置きます。

3 口に果物を入れていきます。最初はお手本を見せましょう。「お友だちが食べたいと言っているよ。食べさせてあげようか」と声をかけてあげてください。子どもが果物を穴に入れられたら、「おいしい〜!」などのリアクションをしてもいいと思います。このとき、穴に入る大きさの果物と、入らない大きさの果物があると、ものの大小の理解にもつながります。

4 果物を全部入れたら、後ろのとり出し口から自分で出させてみましょう。

CHAPTER 4

年齢別実践編
大切にしたいこと・伸ばしたい力

一日一日、ぐんぐん伸びていく子どもたち

子どもの成長には個人差があります。まずは何よりもその子自身を見て、その子の興味や個性、成長の度合いに見合った学びの場をつくっていくことが大切ですが、そうは言っても親としては何かしらの「目安」を知りたいところでしょう。そこでこの章では、年齢別に伸ばしておきたい力をご紹介していきます。あくまでも目安にして、お子さんに合わせて適宜とり入れてみてください。

大人の私たちからすると、本当に驚くような早さで子どもたちは成長していきます。スポンジのように日々いろいろなものを吸収していく姿には、感動すら覚えるのではないでしょうか。でも、だからと言ってそこでただ知識を詰め込んだり、計算の仕方を教え込んだりしても、なぜその答えが出るのかきちんと理解しなかったら、一時的に覚えるだけで身になりません。本物の学びの面白さも感じられないでしょう。

子ども自身が興味を持ってとり組む本当の学びには、大きな力が宿ります。これか

ら自らの手で切り拓かなければならない、その子の未来にもつながる力です。大人でも、「やらされる」勉強より、自分が興味を持てる面白い勉強のほうが、惜しみなく自分の力を注げるものです。それは、子どもも同じ。特に幼児期は、**楽しい「遊び」の中にこそ、人間力のベースとなる非認知能力を伸ばす学びがたくさん詰まっています。**発達段階に合わせることも意識しながら、しっかり伸ばしてあげましょう。

ところで、昨今は「ヘリコプターペアレント」が世界的に大きな問題になっています。まるでヘリコプターのようにわが子のまわりを飛び回り、過剰に口を出し、手伝おうとする親のことですが、これは程度の差こそあれ、親なら誰しも身に覚えがあると思います。特に幼児期は「危ない」ことをさせないように予防してしまいがち。それは本当に子どもにやらせてはいけないほど「危ない」ものなのか、検証が必要です。「そんなところにのぼったら危ない」「服が汚れちゃうじゃない」「転ぶから走らないで」——よじのぼったり走ったりするのが大好きな子どもに、つい口から出る言葉です。でも、見守っていれば挑戦させてあげられるものも、中にはあるはず。そこから学ぶことも多いので、失敗や多少の汚れよりも気持ちを優先してあげましょう。

0~1歳までは

「見る力」をじっくりはぐくむ

私たちが幼児教育で大切にしている5つの力「見る力」「聞く力」「話す力」「考える力」「行う力」の中でも、**「見る力」**は0歳児からはぐくんでいくことができ、非認知能力のベースにもなる力です。この時期の子どもは徐々に目が見えるようになっていくので、いろいろなものに興味を示し始めます。目に入るものが一つひとつ刺激になり、情報がどんどん蓄積されていくときなので、**外へ出かけるときも自然物など目に入るものは、何でも意識的に見せてあげるようにする**といいでしょう。

首が座ったら、前向きの抱っこひもなどはとても視野が広がるので、不安がらずに興味を示す子にはときどき使ってみるのもいいのではないかと思います。また、しっかり頭とお尻を支えながら親の顔の近くまでやさしく「高い高い」をしてあげるのも、子どもにとっては新しい視点の体験となり、大きな刺激になります。

そして、ここでさらに子どもを伸ばすために意識してほしいのが、「人の顔を見る力」をつけることです。子どもはこれからだんだんと「聞く力」や「話す力」もつけていきますが、人の話を聞く前の段階として、**人の顔を見ることができる**というのが、その土台づくりのためにもとても重要なのです。

たとえば、年長さんになっても人と目を合わせられない子がいます。そうした子の多くは落ち着きがなく、人の話をちゃんと聞くことができない傾向にあります。お子さんは大丈夫でしょうか？　もしその傾向があっても、あわてることはありません。小学校へ上がるまでに身につけられるように働きかけてみてください。

0歳児は、まずはその第一段階として、お母さんに反応できるかどうかというところから始めます。顔を見て、「お母さんだ」と認識することが、最初のステップ。やさしく声をかけて目を合わせてあげてください。生まれてすぐはほとんど目が見えていない赤ちゃんも、だんだん光や影を感じ、ものの輪郭がわかるようになっていきますが、そこで最初に反応しやすいのが「2つの点」だという説もあります。それは、人の目に意識が向く本能的なものなのかもしれません。子どもとのコミュニケーション、意思疎通をしていくための下準備ですから、しっかりはぐくんでいきましょう。

動くものを目で追ってみよう！

0歳児はまだ自分ではあまり動くことができず、行動範囲も限られています。ただ、目でものを追うことはできるようになってくるので、動くものに興味を持ち始めたらベビーベッドにモビールなどをつけて、その好奇心を刺激するのもおすすめです。

伸芽会では、よく輪投げの輪やボールをコロコロと転がして、それを目で追わせる遊びをしています。途中でパタンと倒れれば、そこで止まってしまうということも、子どもにわかります。家庭でも楽しめるので、ぜひいろいろなものを転がして、お子さんの目を楽しませてあげてください。

生後8カ月になればだんだんハイハイもできるようになり、自分で動ける範囲も広がってきますが、実は視力とこの行動範囲は相関関係があるとも言われます。床を転がっていくものを、どこまで目で追うことができるか。その距離が伸びるほど、行動範囲も広がっているということです。とても単純な遊びですが、日々子どもの成長が感じられて、親にとってもとても幸せなひとときになるのではないかと思います。

お父さんお母さんと「いないいないばぁ!」

生後4カ月くらいになると、人見知りをするようになってきます。伸芽会へ来るお子さんも、お母さんと離れたくなくてわんわん泣いてしまうのですが、これは成長の証。人見知りをするようになったということは、お父さんお母さんとそれ以外の人を見分けられるようになったことを意味しているからです。

お父さんお母さんの顔を認識するようになってきたら、「いないいないばぁ」が楽しめるようになります。最初、子どもは、自分の目に見えていないものは、そこにないと思っているようです。「いないいない……」の間に両手で隠された顔は、確かに目の前から消えてしまいますが、そこから「ばぁ!」と、期待していたお父さんお母さんの顔が登場するのです。まるで手品を見るように、ワクワクした気持ちで目を輝かせます。

そこでは視覚的な刺激とともに、また顔が出てくるぞと予想したり、見えていないものがそこにあると予測したりすることも学んでいけるでしょう。

バナナはどこだ？

「いないいないばぁ」を発展させて、目の前にあるものをじっと見ることで、隠れたものを予想する遊びもおすすめです。

ティッシュペーパーの箱などを3つくらい用意して、その中にリンゴやバナナを入れます。大人のハンカチなどでそれぞれにふたをして、隠すところを見せます。そのあとに「バナナはどーこ？」と言って、バナナの入っている箱を当てさせるのです。見ることへの意識と布をめくるという動作をすることで、相手のある遊びを一緒に楽しむことができます。

0歳児であればまだ果物の名前がわからないので、箱は2つ、果物は1つで行います。どっちにあるかな？　と当てっこをするとよいでしょう。隠すときにもゆっくりと隠し、目で追えるようにしてあげましょう。

一緒に絵本に親しもう！

まだ言葉がわからない時期であっても、絵本は子どもの力を伸ばしていくのに、とても有効なツールです。0歳や1歳児向けの絵本もいろいろ発売されていますが、その子の好きなものに合わせて、興味を持ってくれそうな絵本を選ぶのがベストだと思います。手触りも楽しめる布の絵本や、口に入れても大丈夫な素材のもの、お風呂で濡れても大丈夫なものなども人気です。

絵本は、非日常の世界を絵で見せてくれます。子どもにはまだその内容が正確にはわからなくても、お父さんお母さんの声で語りかけてもらいながら、目の前の景色がいろいろに変わっていく面白みが感じられるのです。1歳になれば、それぞれの色や形を持つものと、それを表す言葉が同じものだという認識もできてくるでしょう。

親子のコミュニケーションツールとしても、さまざまなことが学べる知育の観点でも、絵本は幼児期に欠かせないものです。0歳、1歳のうちから親しんでいければ、その後の読み聞かせでもスムーズに聞けるようになるでしょう。

手遊び歌でコミュニケーション！

赤ちゃんはだんだんと意味のない喃語《なんご》を発するようになり、だいたい1歳前後くらいで「ママ」や「パパ」などの単語も出てきます。この時期はまだ言葉を交わしてコミュニケーションをとることはできませんが、日々いろいろなものを目で見て、耳で聞いて吸収している、その準備段階でもある時期です。

そこで、目で見ながら耳で聞く力にもつなげていく家庭の遊びとしては「手遊び歌」もおすすめです。たとえば「グーチョキパーで何つくろう」の歌など、「右手はチョキで左手はグーで、かたつむり〜かたつむり〜」と楽しく歌いながら、手を動かして目の前でかたつむりの形をつくって見せますが、実際にはまだ子どもにその意味がわかっていなくてもいいのです。

意味がわからなくても、子どもはその視覚的な面白さや音楽のリズムを感じとっています。心地よいリズムや安心する声、お父さんお母さんが手で何かをつくって見せてくれることが楽しい子どもたちは、その喜びの中でぐんぐん伸びていきます。

お父さんお母さんと「ボールでポンポン」

生後6ヵ月を過ぎると、しだいに両手を使って紙をやぶったり、クシャクシャにできるようになってきます。手先を動かすことと、目で見て追うことができる、「ボールでポンポン」を楽しんでみましょう。

スーパーの買い物袋やビニール袋に、新聞紙やティッシュペーパーなどをお子さんと一緒にちぎったりクシャクシャにしたりしてどんどん入れます。適当な大きさのところで開口部を結んでから、形を整えてボールをつくってあげます。お父さんやお母さんが相手になって両手で投げたり、転がしたりできるようにするとよいでしょう。

相手を見ながらお互いにやりとりを楽しむ、1歳児などに最適な遊びです。ボールの大きさを変えたり、マジックペンなどで色や模様を描いたりして、楽しんでくださ い。ボールをよく見て、どこにくるかなと予想しながら手を出すということも楽しく学んでいくことができます。

箱からひもを引っぱり出してみよう！

［見る力］の芽を伸ばすアプローチ

生後半年ほどになればお座りするようになり、だんだんつかまり立ちもできるようになってきますが、それだけ体を動かす力も発達してきます。指を使って小さなものもつかむことができるようになってくるので、触って楽しめるものを用意して、指先まで動かす機会をつくってあげましょう。

そんな子どもの発達段階に合わせたおもちゃもいろいろ市販されていますが、なにも買い与えなくても、家の中にあるものが、子どもにとってはかっこうのおもちゃになります。箱からティッシュを引き出す遊びを覚えてしまえば、全部のティッシュをひっぱり出してしまうでしょう。この時期はまだ怒ってもわかりませんから、一箱くらいはおもちゃ用にとあきらめて、またあとでひっぱり出せるように中へティッシュを戻してあげればよいのです。

おすすめの手づくりおもちゃは、ティッシュなどの空箱に穴をあけて、いろいろなひもを通し、内側と外側の端に結び目をつけるというものです。好きなひもを、「これをひっぱったらどうなるかな?」と指でひき出していくことで、子どもの好奇心がかき立てられるしかけとなっています。目で見ながら、指も使い、触感も味わいながら、子どもの五感を刺激して遊べるおもちゃです。

使うひもは、どんなものでもかまいません。ケーキの箱についていたリボンや荷物をしばっていた麻のひも、ビニールひも、毛糸など、手触りや色の違うものをいろいろ使うと楽しいと思います。

結び目をつけて完全にひっぱり出せないようにしておくことで、誤飲なども防ぐことができ、また内側にひっぱり入れて遊ぶことができます。

2歳になったら

だんだん「聞く力」がついてくる

2歳になってくると、子どもたちはいよいよ話し始めます。相手の言っていることを聞いて同じ言葉を発せられるようになり、言葉の意味もわかってきます。すでに1歳で100近い語彙《ごい》力が身につくと言われますが、2歳ではそれがおよそ400になり、3歳になる頃には大人の言うことの6割はわかるようになると言われます。

そうしてめまぐるしく成長していく子どもたちをサポートするためには、後手後手にまわっていては間に合いません。まだ言葉の意味を理解していない頃からたくさん話しかけてあげてください。特に2歳では、言葉を使ったコミュニケーションの土台ともなる**「聞く力」**を身につけさせることを意識しましょう。

1歳を過ぎれば歩けるようになって行動範囲がどんどん広がり、2歳になる頃には自分の思うように動きたいという自我も生まれます。自分の行動が制限されるのを嫌がり、親は手を焼くでしょう。言われていることがわかっても、無視して行動することもあります。そこで子ども自身を守るためにも、「聞く力」が必要になるのです。

聞いてほしいことがあるときには、**しっかり子どもの目を見て話す**ようにしましょう。スマホをいじりながらなど、片手間に話をすることは避けてください。目を見ることで、子どもも集中して聞けるようになるからです。また、たとえば「お片付けして！」と言いたいときに、「お片付けするのは、ごはんの前にする？　あとにする？」と聞いて自分で選ばせることで、いずれにしても片付けができるように仕向けるなど、こちらの話し方のテクニックも駆使していけるといいかもしれません。

2歳児はまだ言葉の理解が完全ではなく、漠然と聞いています。「お名前は？」と聞かれて、「2つ！」と答えるようなことも。でもそこで「違うでしょう」と否定すると、自発的に答えようとする意欲をそぐことになってしまいます。間違えても「そうか、そうか」と聞いてあげ、その受け答えをくり返すことで正しい答えに導いてあげてください。そうした**話す力は、聞く力とつながっています**。年中さん、年長さんになってきちんと相手に伝わるように話ができる子は、こちらのお話もよく聞ける傾向にあります。その土台は、この時期に飛躍的な成長を遂げる「聞く力」にあるのです。

「同じもの」をとってきて！

2歳を迎える頃になると単語だけでなく、2語文や3語文の内容も把握できるようになってきます。また、こちらの質問に答えることもできるようになり、会話が成立し始めます。この時期により多くの言葉に触れておくことは、その後の語彙力にも関わってきますから、ぜひともいろいろな言葉を投げかけてあげてください。

そこで手始めにおすすめしたい遊びの一つが、「同じもの」を探すゲームです。子どもは間違い探しが大好きですが、同じものを探すことにも楽しく挑戦できます。ものは何でもいいと思います。たとえばおままごとで使うような野菜や果物のおもちゃをカゴに入れておき、カゴの中にあるのと同じリンゴのおもちゃを見せて、「あのカゴから、これと同じものを持ってきてくれる?」と、お願いするのです。単純な遊びですが、指示を聞く力を養うだけではなく、同じものを観察して見極める、見る力も同時に強化していくことができます。成功した暁には、一つひとつ確めながら「すごいね！」と大いに喜んであげてください。

花びらと葉っぱでお花をつくろう！

1歳児では、何かを指示をしてもまだ1つずつしかできませんが、2歳を過ぎればだんだんと2つのことができるようになってきます。たとえば伸芽会では、「いろいろなものを集めてお花をつくってみよう」という課題を出すことがあります。花びらだったり葉っぱだったり茎だったり、お花をつくる紙工作の断片を箱の中に入れておいて、そこから「花びらをとってきましょう」「今度は、葉っぱや茎も持ってこられるかな？」と、子どもたちにとってきてもらい、画用紙に貼りつけてお花を形づくっていくというものです。

1歳のときは、「葉っぱを持ってきましょう」「花びらを持ってきましょう」と1つずつ指示しなければ難しいのですが、2歳になれば、「お花をつくりたいから、花びらと葉っぱを持ってきてくれる？」と、一度に2つの指示を出してもできるようになってきます。もちろん最初は慣れずに間違えることもありますが、がっかりしないでください。ヒントをあげてくり返しやれば、だんだんできるようになってくるでしょう。

聞く力の芽を伸ばすアプローチ

「何の音かな？」音当てクイズ！

身のまわりのものに興味をひかれ、脳にどんどん情報を蓄積しているこの時期。子どもから聞かれることも多いと思いますが、逆にこちらから疑問を投げかけてみるのもいいのではないでしょうか。

「外からビューービューー音がするよ。何の音だろう？」と聞いてみたり、どこかから聞こえるサイレンの音に「救急車かな？」「消防車かな？」と、一緒に耳を澄ましてみたり。一方的に教えるのではなく、親子で一緒にイメージをふくらませていくことで、子ども自身が考える力を伸ばしていくことにつながります。

そこでその音がどんなふうに聞こえるのか、お互いに言ってみるのも楽しいと思います。「風の音がするね。どんな風に聞こえる？」「ピーピーかな？」「ゴーゴーいってる！」と、自由に発想してもらいましょう。大きくなって「風はビューービューー吹くもの」といった既成概念に凝り固まる前に、自らオノマトペを考えてみる貴重な体験は、より豊かな言葉の世界を広げていく足がかりにもなるはずです。

一緒につくってみよう!

仲芽会では1歳の後半から大人が手を添えながらハサミを使う機会をつくりますが、2歳になれば一人でチョキチョキと切りたがるようになります。どうすれば目指すものがつくれるのか、その方法を言葉で伝えながら、一緒に何かをつくってみましょう。目的を持って話を聞くことで、より集中して「聞く力」を身につけることができます。工作にはいろいろなものがあるので、何かお子さんが興味を持ちそうなものを見つけてあげられるといいですね。

たとえば「バッグをつくりましょう」と、材料となる画用紙や折り紙などと一緒に、ハサミやのり、セロハンテープなどの道具も使います。もちろん安全には細心の注意を払って! どこを切り、どこをくっつけるとバッグの形になるのか、子どもたちは先生の話を真剣に聞きながら作業を進めていきます。自分の好きな色を選んだり、そこへ柄を描き込んだりすることで、自由な創造力もはぐくまれます。紙コップに鈴や豆などを入れ、音を聞いて何かをあてるおもちゃを作っても楽しいでしょう。

毛糸でチクチク「ひも通し」！

2歳になれば、手先を使う細かなこともできるようになってきます。画用紙に描いた絵に合わせて毛糸を通す「ひも通し」なども、言葉でていねいに説明してあげると、子どもたちは夢中になってとり組みます。画用紙とサインペン、毛糸とセロハンテープがあれば家庭でも簡単にできるので、ぜひやってみてください。

まずは、大人が準備をします。画用紙に太いサインペンで絵を描きましょう。甲羅があったりして形が単純化しやすいカメの絵などがおすすめです。あまり複雑な形にしないように、アウトライン程度で十分。絵の線に沿って、毛糸が通せる穴を2～3cmごとに開けてください。毛糸は、一方の端にセロハンテープを巻きつけて細くし、穴に通しやすくしておきます。またもう一方の端は、穴を通らないように玉結びにしておきます。

用意ができたら「毛糸を通してみる？」と子どもを誘います。このとき、できれば机の上でできるように、いすに座って行うようにしましょう。いつも机に向かって課題をする習慣をつけておくことで、子どもの集中力もアップします。

まずは、口で説明しながらお手本を見せてあげてください。穴に毛糸を通し、裁縫のなみ縫いの要領で裏から表から、順々に通していきます。慣れてきたら、穴の間隔をせばめると難易度が上がってきます。

「セロハンテープがついているほうが、細くて穴を通しやすいね！」「玉に結んであるほうが裏に隠れて止まるようにするには、表と裏、どっちから通したほうがいいかな？」と、できるだけていねいに言葉にして説明しましょう。それを聞いて実行することができれば、聞く力の習得とともに、両手を一緒に連動させて使う方法や、よく見て穴を通すという細かな作業もできるようになっていきます。
このような遊びから集中力や粘り強さ、忍耐力、やりとげようとする心の強さなどの非認知能力が自然に身についていきます。

3歳になったら

「コミュニケーション力」も身につけて

保育園や幼稚園での集団生活は、みんなと仲よく遊んだり、先生の言うことをよく聞いて行動したりと、子どもたちが初めて社会性を身につけていく機会となります。将来、社会へ巣立っていくときにも不可欠な**「コミュニケーション力」**。これもまた、代表的な非認知能力の一つです。

いくら学校で成績優秀でもコミュニケーション力に乏しければ、勤め先などでうまく立ち回れず、周囲と協力しながらスムーズに業務をこなすことができないということも起こりうるでしょう。

生まれてから9カ月くらいまで、子どもたちは「お母さんと自分」、「お父さんと自分」、といった二者間で成り立つ二項関係の中で生きています。それを過ぎると、自分とお母さんだけではなく、その間に何かもう一つ、人やものを入れてコミュニケーションをとることができるようになってくるので、ぜひ意識して子どもをとりまく関係を見てください。

自分と相手の2人だけではなく、3人になれば三項関係となり、それはもう「集団」です。1対1の関係とは大きく違ってくる集団の関係が構築できれば、コミュニケーション力の糧となり、子どもたちの世界もぐんと広がっていくでしょう。

また、人だけではなく、ものを入れた三項関係もあります。「わあ、きれいなお花が咲いているね！」と2人で道端に咲く花を注目して見る、なんていうのも三項関係です。3歳になる頃には、日々の会話でそんなことも意識してみてください。

聞く力を育てた2歳から、より高度なコミュニケーション力を身につけていく3歳になったら、**お父さんお母さんにはさらにかける言葉を惜しまないようにする**ことを大事にしてほしいと思います。

「お父さんにこれを持っていって」ではなく、「みんなでケーキを食べるから、お父さんのところにフォークとスプーンを持っていってくれる？」と話しかければ、子どもは「フォーク」と「スプーン」の区別も気づくようになるでしょう。それまではお皿だけしか認識できなかったのが、同時に複数のことができるようになっていきます。

【コミュニケーション力】の芽を伸ばすアプローチ

同世代の子と一緒に遊ぶ機会をつくる！

生まれたばかりの頃は完全にお父さんやお母さんと1対1のやりとりになりますが、1歳や2歳になるとほかの子どもたちとの関わりが出てきます。それでもまだ、「あの子の持っているおもちゃがほしい」と思ったら、おかまいなしに奪いとってしまう段階です。それが3歳になると、「貸して」が言えるようになってきます。そうした人と人をつなぐ言葉も、この時期には積極的に使っていきましょう。

コミュニケーション力が飛躍的にアップするには、**集団で遊ぶ体験をたくさんする**ことです。きょうだいがいる子は生活の中で自然と学べることも、ひとりっ子では「譲る」とか「とられる」といった体験が家庭ではなかなかできません。

何か言って自分の気持ちを伝えないと、貸してもらえないのだということもわからないので、そういう場を意識してつくる必要があります。そこでは、自分の意志を言葉に出して表現したり、自分から声をかけたりすることが状況の打開策になるのだということも、実感を持って学んでいけるはずです。

「なぜ？」から始めるキャッチボール！

この頃から、子どもは「なぜ？」という疑問を多く持つようになってきます。目に入るものに何でも興味を持つというのは、発育上はとてもいいことですが、「あれはなんで？」「これはどうして？」と疑問ばかりぶつけられると、大人は煩わしく感じてしまうこともあるでしょう。でも、まさに人間の基礎となる力をつけている時期ですから、将来への投資だと思って、どうか根気よく答えてあげてください。

子どもは必ずしもその真理が知りたいわけではなく、何か話したり、かまってもらいたくて聞くこともよくあります。親としても、そこでただ正確な答えを教えるのではなく、**子どもの視野が広がるような言葉がけや会話のキャッチボールをして、子どもからうまく言葉を引き出すようにする**のが理想的です。「なんで雨がふるの？」「なんでだろう？」「太陽が泣いてるの」「そうか！なんで泣いているんだろう？」「ママに会いたいんじゃない？」「ママがいないからさみしいのかな？」などと自由に発想を広げてみるのもいいと思います。

生活場面の絵本を読む！

3歳は「心の理論」ができてくる時期であるとも言われます。これは、自分だけではなく**ほかの人にもそれぞれの気持ちがあるということを認識**し、その心を思いやり、理解しようとする力です。コミュニケーションの根幹ともいえる力であり、テストなどではなかれない重要な非認知能力です。

他人の気持ちを思いやる力は、どうすれば身につくのでしょうか。もちろん実践的に、お父さんお母さんの声かけによって本人にお友だちの気持ちを気づかせることもできますが、まだ自分本位の気持ちが強く、なかなか人のための行動に移せないこともあると思います。そんなときには、絵本で擬似体験させてみるのもおすすめです。

主人公が自分の宝物を誰か必要な子に貸してあげたり、気が弱い主人公がだんだん前向きになっていく姿だったり、自分にも思い当たることが絵本を介すると素直に受け止められます。実際の生活場面を描く絵本もたくさんあるので、ぜひお子さんと一緒に探してみてください。

お客さんをおもてなししてみよう！

コミュニケーション力は、相手を思いやる気持ちからどんどんはぐくまれていきます。その一環として、楽しみながら「おもてなし」をしてみるというのもいい体験でしょう。たとえばおじいちゃんおばあちゃんが遊びに来るというようなとき。「何を用意しておいたら喜んでもらえるだろう？」と、子どもと一緒に考えてみるのです。「スリッパを2つ、玄関に並べておこうか」「おしぼりを用意しよう」「お茶はお母さんが入れたのを運んでくれるかな？」などと、**相手のことを思いながらいろいろなことを考えていきます**。子どもですから、「新しいおもちゃで一緒に遊んであげたら喜ぶかな」なんて言うこともあるかもしれませんが、すべては相手を思ってのこと。否定せずに、「なるほどね。じゃあどこに用意しておこうか」と、**おもてなしすることの楽しさ、人の気持ちを考えることの喜び**を大いに体験させてあげてください。もちろん大人のおもてなしだけでなく、お友だちをおもてなしするのも喜びの多い体験になります。

コミュニケーション力 の芽を伸ばすアプローチ

だれかと一緒におはじき集めゲーム！

何かルールのあるゲームを誰かと一緒にするとき、その中では自然と対話が生まれ、コミュニケーション力がはぐくまれていきます。非認知能力の観点で言えば、ルールに則って何人かで遊ぶものなら、どんなゲームでも子どもにとってはそれぞれに学びがあるのです。

3歳くらいからそうしたゲームができるようになってくるので、ぜひお友だちと一緒に遊ぶ機会をつくってあげてください。

〝いすとりゲーム〟も楽しい遊びですが、お家の中でできるものとして、〝おはじき集めゲーム〟などはどうでしょう。家族でもお友だちとでもおはじきと紙コップ、テーブルがあれば手軽に遊べます。テーブルの上に3色から4色のおはじきをバラバラに置き、音楽を流して音楽が止んだときに「赤」と言われたら赤を、「青」と言われたら青のおはじきをサッととります。テーブルのおはじきがなくなったら終わり。とったおはじきは自分の紙コップに入れて、誰がたくさんおはじきをとれたかを競います。

音楽を聴きながら行うので、楽しい気持ちになると同時に、のんびりしているとテーブルの上のおはじきがなくなってしまうという**ドキドキ感**もあります。**観察力と機敏性を養う**のにも最適です。人数や年齢に応じておはじきの色や個数を変えれば遊びの難度も上がります。

外での遊びだったら、「はないちもんめ」などがおすすめです。二手に分かれて、誰がほしいかみんなで相談する、指名されたらジャンケンをするなどルールやジャンケンの仕方を覚えるいいチャンスです。徐々に選ばれるうれしさや負けたときの悔しさなどをはじめ、相手の気持ちにも気づくようになっていきます。

4歳になったら

「考える力」もしっかりつけたい

親と子の意思の疎通が、よりしっかりとできるようになってくるのがこの時期です。語彙力もまた一段と豊かになり、どんなふうに言ったらいいのか、話し方や言葉の使い分けまでできるようになり、より複雑な思考が働くようになってきます。

そこで4歳では、**「考える力」**を着実に身につけていくことを目標にしてもらいたいと思います。考える力を養うためには「なぜ?」「どうして?」と疑問を持つことがスタートになるので、そのきっかけとなる言葉がけもぜひ心がけてください。

ただし、お子さんの中に疑問が生まれても、その答えをすぐに教えようとするべきではありません。教えてしまうと、発想の広がりをせばめてしまうことになりかねないからです。**自ら疑問を持ち、それを解き明かそうと奮闘するプロセスこそが非認知能力を培っていくものとなる**からです。考えることで、子どもは「工夫」をします。

大人にはおかしなことをしているように見えたとしても、それは単なるいたずらではなく、子どもなりに考えた上での最善の工夫かもしれません。どんなときにも頭ごなしに怒ったりするのではなく、まずはその行動の理由を聞いてあげてください。

もし、自らの力で考えられず、自分なりの工夫もできないとなれば、それは「マニュアル人間」です。見本やマニュアルがないと何もできないような人材は、これからのAI時代には真っ先に職を失うことになるとも言われています。その前の学生時代であっても、周囲によい刺激を与える学生になるとは思えません。小学校受験でこの「考える力」を見ているのではないかと思う課題がよく出るのもうなずけます。

たとえばある年、青山学院初等部の入学試験では、こんなユニークな課題が出ました。「あなたは、これから海に行きます。持っていきたいと思うものをこれに入れてください」と、一人ひとり透明のバッグを渡されるのです。そして、おにぎりやミカン、ラムネの瓶、ポテトチップスの袋、ぬいぐるみなどがずらりと並べられます。

欲張って全部入れればあふれてしまうし、ポテトチップスの上に瓶を載せたりしたら粉々になってしまいそう。そんなことをいろいろ考えながら、子どもたちはそれぞれ自分なりの答えを出していくのです。もちろん、そこに「正解」はありません。

〔考える力〕の芽を伸ばすアプローチ

親子で想像をふくらませる「もしもゲーム」！

子どもの「考える力」は、何かドリルのようなものをやらせて訓練しなければ身につかないのでしょうか？――そんなことは、まったくありません。日々の生活の中でふと思いついたときに子どもと楽しめる「もしもゲーム」もおすすめです。

「明日は、晴れたら公園へ行こうか。でも、もしもずーっと雨が降らなかったら、どうなっちゃうんだろう？」「もしもお皿がなかったら、どうなると思う？」「コップがないとき、どうしようか？」……日常の中で考えられる「もしも」の例は、いくらでも出てくると思います。

ほんのささいなことでも、もしもこんなことになったら「どうしよう？」「どうなる？」と投げかけられれば、子どもたちは頭をフルに使って考え始めるでしょう。

「ずーっと雨が降らなかったら、カエルさんが困るかも」「お皿がないとケーキが食べられないかな」「コップがなかったら、お茶碗に入れようか」……ぜひ親子で議論を交わして、誰も思いつかなかったような「答え」をたくさん見つけてください。

「あれはなんだろう?」を楽しもう!

たとえばお子さんと一緒に散歩しているとき、通りがかった家の庭先にきれいに咲くチューリップを見つけたとします。これはお子さんにも教えてあげたい。みなさんはどういうふうに話しかけるでしょうか?「ほら見て、チューリップが咲いているよ」「あの黄色いお花は、チューリップだね」などと言うでしょうか。

実はそこで、最も効果的な言葉がけがあります。それは、「あれはなんだろう?」と問いかけるように声をかけるというものです。

「見てみて。あの黄色いお花は何かな?」と聞かれたら、子どもは先ほどのように教えられるよりもずっと真剣に、注意深く観察を始めるでしょう。「あ、チューリップだ!」と**自分で気づいたときの感動は、その体験をより印象づける**はずです。「あっちにも違うお花があるみたい!」と、新たに考える材料を見つけるかもしれません。また支度をするときから、「お出かけには何がいる?」と問いかけるのもよいでしょう。

ぜひ日頃から、お子さんの目を通してものごとを見るようにしてほしいと思います。

（考える力）の芽を伸ばすアプローチ

楽しくなる絵を描くことに挑戦！

絵を描くことは、好きな子もそうでもない子もいると思いますが、たとえ「嫌い」であっても、**まわりの言葉かけ次第で「好き」に転じる**こともままあるのが幼児です。まずは何を描こうか考えるところから、クレヨンや色鉛筆の色を選んで、どんなふうに描いていくかも自分次第、そのすべての工程が子どもの考える力を刺激するお絵描き。創造力や感性を伸ばしていくためにも、好きになってもらいたい遊びの一つです。

「描くのが嫌い」な子は、自分の描く絵に自信が持てないことが原因となっていることが少なくありません。「いい色だね」「よく見て描けたね」「元気が出る絵だね」などと、いつも**肯定的な言葉がけ**を心がけてください。自信を持てなくなるような否定的な言葉がけや、「うまい」などの評価を下す言い方には気をつけましょう。

描くきっかけとしては、見本を描いて見せたり、「ここは三角だけど、こっちは丸いね」「色が濃いところと薄いところがあるね」などと具体的なヒントを出すのも効果的です。

季節の行事に合わせて工作する！

仲芽会では季節ごとの行事に合わせた工作などもよく行います。ご家庭でも、さまざまな年中行事をぜひお子さんと一緒に楽しんでほしいと思いますが、中でも自分の手を動かしてつくる工作は記憶にも残りやすい刺激的なものになると思います。お子さんが一生懸命つくった完成品を、玄関やリビングに飾ったりすることも、本人の自信につながっていくでしょう。

工作をするときには、本人の自発的なモチベーションを大事にしてあげてください。**「やってみたい！」という気持ちがあるかどうかで、工作の中で学べることも大きく変わってきます**。いいものを完成させたいと思えば、「折り紙の角がうまくそろわないな、どうすればいいだろう」と、見本として実物や写真などを観察したりしながら考え、自分なりの工夫を凝らすことになると思います。失敗しても、そこで投げ出さずにやり直してみようという意欲も持てるでしょう。そこではできるだけ大人は手を出さずに、自分で考えて試行錯誤する場をたくさんつくってあげてください。

自然の中で工夫してみよう！

新しい体験には、学びが詰まっています。いろいろな場を体験するというのを幼児期にはぜひ意識してほしいのですが、中でも**自然の中で遊ぶ体験には、驚きや発見がちりばめられています**。少し足をのばして、ピクニックやキャンプで大自然に触れる機会をつくってあげるのもおすすめです。

その際はお子さんが興味を持つものを注意深く見ておくことも、お父さんお母さんにとってはお子さんの個性を見極める上でとても勉強になります。初めての場所でどんなことをやりたがるか、**自然の中でどんなものに面白みを感じるのか、お子さんの一挙手一投足にヒントが隠れている**はずです。

たとえば秋にきれいな落ち葉を拾ってみると、それぞれに違う色や形の葉っぱがあることに気づくでしょう。そこから親子の会話を発展させて、木の名前や、常緑樹と落葉樹の違いなども学べるかもしれません。実際に目で見て触れて、匂いを感じれば、次に木や葉っぱの絵を描こうというときにも、これまでとはまた違う視点が出てくるでしょう。

キャンプで遠出をするときには、あえて何もかも万全に用意しないで行くということをしてもよいのではないかと思います。「あ、お箸を忘れちゃった！」ということになれば、どうすればいいかを親子で考える時間が生まれます。「手で食べようか？」「手で食べるにはちょっと熱いかもね」「お箸になる枝を探してこよう！」「なるほどね！洗って使ってみようか」なんてやりとりから親子で考えを深めていく体験は、本当にかけがえのないもの。すべてが整えられてご飯が出てくるのを待つだけのキャンプでは、なかなか学べないことでしょう。

5歳を過ぎれば

「総合的な力」を備えた子どもへ

5歳、6歳の年長さんになってくれば、知識も増え、論理的にものごとが考えられるようになり、問題解決能力も劇的に高まってきます。小学校に上がる前に身につけておきたいのは、そうした**「総合的な力」**。これまで培ってきた力の集大成とも言える時期でもあるので、ぜひ一日一日を大切に過ごしてください。

総合的な力は、「見る」「聞く」「話す」「考える」「行う」という一連の流れであり、その場にあわせて適切に動けるようになることが目標です。自分で判断し、自分で行動できるかどうかは、これから小学校に行き、社会へ出ていく上でも欠かせない力です。目安としては、どういったことができるようになるとよいでしょうか。

この年代になればお絵描きなども細かい部分までよく見て描けるようになり、空間認識力も高まってきます。語彙は2500~7000と個人差がありますが、いろいろな体験を重ねて語彙を広げておくことで、小学校以降の学習もスムーズになります。

会話も、場の空気を読み、周囲に配慮できるように。絵を見ながらのお話づくりは、自分の体験を盛り込んだりしながら上手にできるようになってきます。そして、集団の中でコミュニケーションをとりながら、**ときにはリーダーシップを発揮し、ときにはフォローもしながら、自信と意欲を持って社会と関わる力を発揮していきます。**

そうしたことができるようになるには、体験と自信が不可欠です。伸芽会ではみんなの前で発表する場を設けますが、最初はなかなか積極的になれなかった子も、体験して慣れていくと自信を持って発表できるようになります。発表するものを見つけるところから、そして、それを人に伝わるように自分なりに工夫して行うところに、成長の種が詰まっているのです。ご家庭でも、たとえばおじいちゃんおばあちゃんに何か自分でつくったものや絵をお披露目する会などを企画してみてはどうでしょうか。

これまで一年ごとに培ってきた力も今一度見直し、足りない部分を補うような体験を積んでいきましょう。日常の中でも親子で対話を重ねたり、自分の服をたたんだり、おもちゃを片付けたり、自分で考えて合理的にお手伝いを進めたりするプロセスを一つひとつ大事にすることで、子どもの力はどんどん伸びていきます。

親子で計画！　休日に何をする？

お子さんにいろいろな体験を積ませたいと思ったら、「今度の休みに、どこかへ足をのばそうか」と計画することは多いと思います。そのときに、行く先やアクティビティはどのように決めていますか？

5歳を過ぎたらぜひ実践してほしいのが、その**計画に子ども自身を参加させること**です。まずは、どんな場所に興味があるのか。「どこに行ってみたい？」と考えを聞き出してみるのもいいですし、魚に興味を持ったときなどには「どんなところにいるんだろうね？」「どれくらい大きいんだろう？」と想像をふくらませて、「じゃあ今度、水族館に行ってみようか」と持ちかけてみるのもいいと思います。

お父さんお母さんから「今度の日曜日は天気がいいから遊園地に行こうか」と、ただ持ちかけるよりも、**子どもから出てきた興味をふくらませていく**ことを第一に。親子で一緒に計画を練って、子どもの意見も積極的にとり入れることは、子どもの自己肯定感にもつながります。

お誕生日会を企画してみよう！

誰かを招待するような会を企画することにもいろいろな局面があり、総合的な力が養われます。お子さんの誕生日会なども、そろそろ本人も一緒に考えられる年頃です。飾り付けやおやつを考えるのもいいでしょう。仲のよいお友だちを呼んで、**どんな企画をしたら喜んでもらえるかを考える**のは、ワクワクするととても楽しい時間です。

第1章で触れたボーク重子さんも、全米一の高校生に輝いた娘さんには、いつも誕生日会を計画してもらっていたことをふり返っていました。アメリカでは、プレゼント交換よりも何か催し物をして楽しむのが主流なのだとか。5歳の頃にはお遊戯を、小学校5年生ではみんなでドレスなどをつくって披露するファッションショーを企画して盛り上がったそうです。

どんなことをしたら面白いだろう。それをするためには何が必要かな？ これは難しいけど、こうすればできそう。そんなふうに**考えをめぐらせて工夫していくプロセスには、多くの刺激と学びがあります**。ぜひ実践してみてください。

世界で一つの図鑑をつくろう！

子どもの「なぜ？」に詳しく答えてくれる図鑑は、興味を持って開くごとに学びがあります。最近は各出版社がそれぞれに趣向を凝らしていて、子どもたちが自発的に興味を持てる図鑑も増えているようです。

もし、お気に入りの図鑑が手に入ったら、本棚の飾りになってしまわないように、家族が集まるリビングなどに置いておくこと。いつでも気になったとき、子どもが自分でもパッと開けるようにしておくといいでしょう。

そんな図鑑を**自分でつくってしまうというのも、「総合的な力」をつけるとてもよい体験**になります。図鑑をつくるというと大がかりに聞こえるかもしれませんが、スケッチブックなどに道端で拾い集めた落ち葉を一枚一枚記録したものだって、世界で一つのオリジナルの図鑑です。何か興味を持ったものを収集して記録し、一冊の図鑑としてまとめるのです。落ち葉だったら、その現物を写真に撮って貼ったり、絵に描いたりして、それを「いつ」「どこで」拾ったのか、特徴や感じたことなどを併記してい

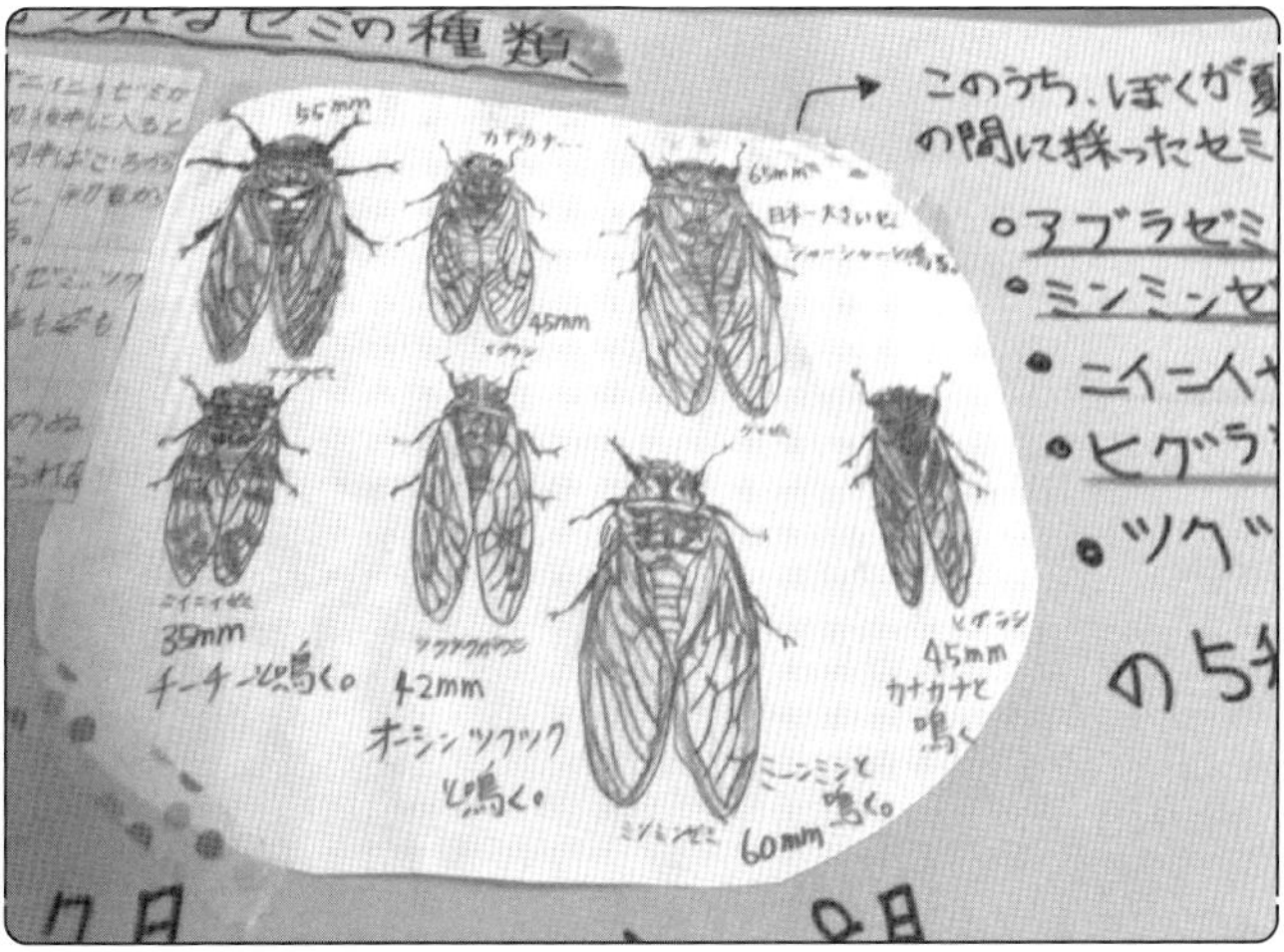

ある子が作ったセミの研究。じっくりとよく観察できています。

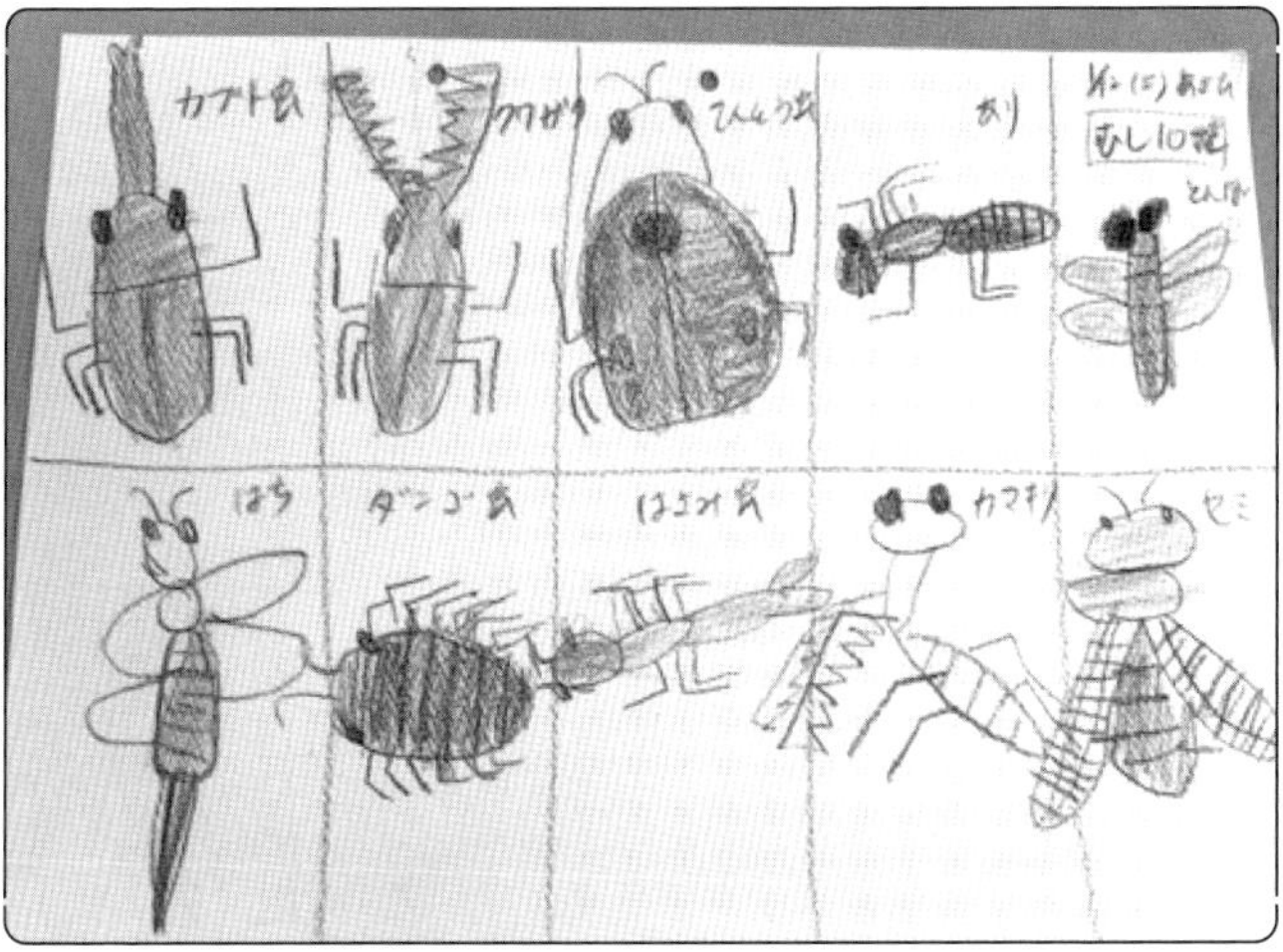

こちらは虫スケッチ。たくさんの虫が生き生きと描かれています。

きます。

男の子は乗り物に興味を持つ子も多いと思います。お子さんが何か興味を持つものがあったら、ただ車のおもちゃを買い与えるだけではなく、それを一台一台紹介する図鑑をつくってみてはどうでしょうか？図鑑にするためには、よく観察する必要が出てきます。また特徴などをわかりやすく載せたいとなったら、自分で調べたりしながら、最終的に何を載せるのか、ページのつくり方やデザインなども自分なりに考えながら形にしていくことになります。そんな苦労の末に完成すれば、達成感も大きく、自信にもなるでしょう。

図鑑ができたら、それを誰かに発表する場をつくれば、さらに自分の中で考えをまとめて表現する練習に。お母さんと共同制作した自信作を、お父さんに発表して見てもらうというのもうれしい時間になりそうです。帰省時には、ぜひおじいちゃんおばあちゃんにも見せる機会を。孫の成長も見せられるよい機会になるのではないでしょうか。

おわりに

〝非認知能力〟という言葉がすっかり市民権を得た感がありますが、社会で活躍するために必要なのは学力や知識だけではないと、多くの人が感じていたのではないでしょうか。そしてその土台となる幼児期の大切さを伸芽会は多くの指導の場で体現してきました。

幼児期には、子ども独自の視点があり、行動の多くがまわりの大人たちの言葉かけによって影響されるという特色があります。この特色を活かすことで、子ども自身のエネルギーを高め〝生きる力〟に結びつけていくことができます。〝非認知能力〟は〝心の持ちよう〟とも言えます。

幼児の生活はほとんど全てが遊びです。何かに興味を持つことも、工夫したり頑張ったりすることも、遊びというベースがあればこそ大きな力となります。私たちが目指してきたことが家庭での過ごし方のヒントとして少しでもお役に立てれば幸いです。

伸芽会　佐藤眞理

佐藤眞理（さとう・まり）

東京学芸大学卒業。幼児教育指導歴45年。雙葉小学校ほか、聖心、白百合などの名門女子校や、慶應、早実をはじめ、有名私立・国立小学校、有名幼稚園などに多数の合格者を送り出している。子ども一人ひとりの個性を見極めながら確実な成長を促し、子どもの潜在的な力を引き出していく指導と、学校情報および受験データをふまえた的確なアドバイスに、長年にわたり保護者からの信頼も厚い。現在、伸芽会教育研究所主席研究員として、受験情報の収集と分析、1歳児から年長児までの指導カリキュラムや各種入試問題集などの作成、後進の指導に携わっている。

伸芽会（しんがかい）

1956年創立、小学校・幼稚園受験を目指す幼児教室の草分け的存在として、子どもの創造性を伸ばす独自の教育理念を実践。創立以来、驚異的な名門私立小学校合格率を誇り、わが子を優秀な人間に育てたいと願う親から絶大な信頼を寄せられている。

ブックデザイン　俵社　　イラスト　間芝勇輔　　構成　中西未紀

伸芽会式《しんがかいしき》 非認知能力《ひにんちのうりょく》の伸《の》ばし方《かた》

2020年　5月26日　第1刷発行

著者　伸芽会《しんがかい》　佐藤眞理《さとうまり》
発行者　渡瀬昌彦
発行所　株式会社 講談社
〒112-8001
東京都文京区音羽2-12-21
電話　販売　(03)5395-3606
業務　(03)5395-3615

編集　株式会社講談社エディトリアル
代表　堺 公江
〒112-0013 東京都文京区音羽
1-17-18
護国寺SIAビル6F
電話　編集部　(03)5319-2171
印刷所　大日本印刷株式会社
製本所　株式会社国宝社

定価はカバーに表示してあります。本書のコピー、スキャン、デジタル化等の無断複製は著作権法上での例外を除き、禁じられています。本書を代行業者等の第三者に依頼してスキャンやデジタル化することは、たとえ個人や家庭内の利用でも著作権法違反です。落丁本・乱丁本は購入書店名を明記のうえ、小社業務部宛にお送りください。送料小社負担にてお取り替えいたします。なお、この本についてのお問い合わせは、講談社エディトリアル宛てにお願いいたします。

©Shingakai　Mari Sato 2020,Printed in Japan

ISBN978-4-06-519566-6